スポーツの価値

山口香
Yamaguchi Kaori

a pilot of wisdom

目次

日本選手の応援より大事なこと
決勝戦を生中継しないメディア
メダリストはタレントではない
勝利至上主義が選手を追い詰める
メダルの数に一喜一憂しない
アスリートのメンタルヘルスを守るために
スポーツ以外の人間関係が大切
希望の萌芽

第一章　子どもが輝くスポーツのあり方

勝利至上主義が、子どもを潰す
若年層の全国大会は必要ない
全国大会ではなくレベル別のリーグ戦を
「小中学生で日本一」が生む重圧
「もっと褒めてあげれば良かった」という後悔

第三章　沈黙するアスリートたち

「なでしこジャパン」が片膝をついた意義
チャンピオンを神格化する危うさ
羽生選手に質問すべきだったこと
声を上げる海外の選手たち
ルール違反を許容した北京冬季五輪
毅然とした態度が取れない日本のスポーツ界
今こそ、スポーツは平和の架け橋に

終章 スポーツの価値とは何か

スポーツは社会を映す鏡
「違いがあるのは良いことだ」というメッセージ
アスリートのキャリア・トランジションがスポーツの価値を高める
「体育会系」がもてはやされる時代の終焉
バーチャルな世界と人間の価値
身体感覚を養うために

スポーツが文化となるために
すべての人にスポーツを

おわりに　186

※肩書き・団体名等はすべて当時のものです。

はじめに

スポーツは感動の「打ち上げ花火」？

「スポーツの多様な価値」とは何か。

私はこの本で、そのことを問い直してみたいと思います。

五輪やＦＩＦＡワールドカップ、ラグビーワールドカップ、全英・全仏などのテニス四大大会など、世界的な大会に出場したアスリートたちから「感動」を受け取った方も多いでしょう。

アスリートたちが金メダルや優勝という夢に向かって努力を重ね、素晴らしいパフォーマンスをする。そのことに私たちは感動します。

ただ、その「感動」の多くは、打ち上げ花火のようにすぐに消えてしまうものです。たとえば、五輪中継を観《み》て「アスリートたちがあんなに頑張っているのだから、自分も頑張ろう」と、何かを一生懸命やったとしても、その気持ちが今も続いている人はどれだけいるでしょうか。

私は、スポーツが本来持っている価値とは、そうした一過性の「感動」ではなく、私たちの人生を豊かにし、さらには社会をポジティブに変えていくパワーにつながっていくものだと考えています。スポーツを通して自分とは異なる他者と出会い、力を合わせて競技する中で、多様性の重要性を理解したり、コミュニケーション能力が高まります。スポーツを介したつながりは、コミュニティを支える基盤にもなり得ます。また、スポーツによって鍛えられる分析力や行動力、戦略性は、学業やビジネスにも役立ちます。

本書ではこのような「スポーツの多様な価値」を考えたいと思います。

これまで、スポーツの効果として、体力増進やメンタルヘルスなど、主に健康面での効用が語られてきました。確かにそれは大事な側面ですが、スポーツの効果や価値はそれに留《とど》まるものではないということを強調したいと思います。そこから得られる効用は、スポーツをする人だけが受け取るものではなく、この社会に生きるすべての人々に恩恵があると考えています。日常的にスポーツをする人もしない人も関係なく、スポーツが持つ多様な価値に気づいて活《い》かすことができれば、もっとのびのびと生きやすい世の中になると、私は信じています。

日本は同調圧力が強いと言われる国です。「忖度《そんたく》」や「空気を読む」ことが、世渡りの術《すべ》として重んじられることもしばしばです。

組織の中では、目上の人間に逆らわず、言われたことを言われた通りにする人材が求められます。今はそうでもないようですが、就職活動において、体育会系のサークル活動をしている人は有利だと言われたのも、「体育会系なら、上の者の言うことに従順だろう」と思われていたからでしょう。しかし私は、スポーツの価値はそのようなところにあるのではないと考えます。

体育会系の学生が評価されるとしたら、それは相手が誰であっても臆することなく、フェアプレーの精神で物事にチャレンジするところだと思います。そこにこそスポーツの価値があるのです。

体育会系の学生だからといって、忖度できる資質を求めている限り、その人に革新的な仕事など期待できるはずがありません。むしろ、決められたルールの中でフェアに、そして戦略性を持って取り組めるところを評価し、彼ら・彼女らの能力を積極的に活かしていけば、低成長下にある日本で、ブレイクスルーやイノベーションが起こる確率は高まるはずです。同調圧力や閉塞感の息苦しさを突破する非常に重要なカギとして、スポーツの価値を捉え直してほしいと私は思います。

昭和の「スポ根《こん》」が切り捨ててきたもの

令和の時代になった今なお「スポーツは厳しい練習に耐え、ひたすら努力し、勝利を勝ち取るもの」という固定観念があるように思います。「体罰禁止」が言われるようになっても、指導者の理不尽な暴言や体罰、パワハラが横行し、学校では生徒や保護者、そしてトップレベルのアスリートたちさえも逆らえないケースが後を絶たないのは、日本人の意識にスポーツ＝我慢と根性という美学が根付いているからでしょう。

現在まで続くこのようなスポーツ観には、一九六四年の東京五輪が大きな影響を与えているると思います。

当時は敗戦の記憶が色濃く残り、カラーテレビ、クーラー、自動車が「新三種の神器」と呼ばれ、人々の憧れの的だった時代です。戦争で焼け野原になった日本は、欧米に追いつけ追い越せと、高度経済成長の真っ只中《まただなか》にいました。そんな中、五輪で、体格的に勝る欧米の選手に日本人選手が我慢と根性で勝利する姿は、人々に強烈な印象を与えたことでしょう。

我慢と根性の先には勝利の栄冠が待っているというスポーツのイメージは、その後流行した「巨人の星」などに代表されるスポーツと根性をテーマにしたマンガやアニメの主人公たちに受け継がれただけではなく、家族の団欒《だんらん》を二の次にして働く猛烈サラリーマンたちを発奮させる役割も果たしたと思います。実際、五輪をバネにして、日本は驚異的な経済成長を成し遂げ、世界有数の経済大国になっていきました。一九六四年東京五輪は、まさしく、日本の大きな転換点だったと言えるでしょう。「頑張れば、頑張るほど報われる」という昭和の価値観は、昭和に生まれ育った私にとってのアイデンティティーでもあります。

けれども、そこから時代は大きく変わりました。上にいる人たちの言うことを聞いて真面目に努力すれば幸せになれるというセオリーが必ずしも通用しない社会に、今、私たちは生きています。スポーツに期待される役割も、一九六〇年代と二〇二〇年代ではまったく違うはずです。それなのに、私たちのスポーツ観はほとんどアップデートされていません。

「金メダル〇個」という目標、そしてそれに向かって頑張るアスリートが与える感動。スポーツ界が発信するメッセージと受け取る側の期待は、一九六四年からたいして変わっていないように思います。

一九六四年の東京五輪で強烈に刻み込まれた「勝つためにはあらゆることを犠牲にすべき」という考え方においては、我慢と根性で理不尽なしごきにも耐え抜く強さが求められます。その強さは、生産性や効率を重視する資本主義社会を生き抜く武器でもあり、弱い者は排除されてきました。その論理の下で、女性は、男性並みに働けない、出産や育児で仕事を休むから使えないと軽んじられ、障害者もまた、効率的に働けないと切り捨てられてきたのです。

私は女性の柔道選手として、この「強さこそすべて」という壁に何度もぶつかってきました。「男と試合して勝てるのか」と言われ、悔しさに歯噛《はが》みしたこともあります。しかし今では、たくさんの女子柔道選手が活躍しています。時代は確実に前に進んでいるのです。

柔道だけではありません。かつては男性のものとされてきた多くのスポーツに女性も参加するようになり、競技の新たな魅力を見せてくれています。そして、パラリンピックに代表される障害者スポーツもまた、勝利や記録を超えたスポーツの価値を私たちに伝えています。本書では、「強さこそすべて」では説明しきれないスポーツの多様な価値をお伝えしたいと思っています。

昭和的価値観からの脱却を

スポーツと社会はまったく別のものではなく、深いところでつながっています。スポーツと社会の構造は同じなのです。

昭和から平成、令和へと時代が変わりながらも、日本はいまだに昭和的価値観から抜け出せていない、そのことをいみじくも二〇二〇年東京五輪はあぶり出しました。特に、大会スポンサーをめぐる一連の汚職事件は「変わらない日本」を体現するものです。スポンサー選定のキーパーソンだった、東京オリンピック・パラリンピック競技大会組織委員会（以下、組織委員会）の高橋治之《はるゆき》理事は、忖度や根回しに長《た》けた「有能な」人物と評価されていました。しかし、彼が特定の企業に便宜を図り、その見返りに巨額の賄賂を受け取っていたという報道を見るにつけ、昭和どころか時代劇の「越後屋、おぬしも悪よのう」の世界で、唖然《あぜん》としてしまいます。

それだけではありません。組織委員会の会長だった森喜朗氏の女性蔑視発言などのジェンダーの問題、経済効率優先の大会運営、上の人が言うことにはもの言えぬ空気、そして

「金メダル」ばかりに注目する勝利至上主義……これらはすべて、本来なら変えなければいけないことを変えずにきた日本の姿を象徴していたと思います。

日本の社会が変化に後ろ向きなのは、社会の中枢にいる昭和世代がこれまでの昭和的価値観を変えることに強い不安と抵抗感を持っているからではないかと思います。私も昭和の人間ですから良くわかりますが、これまでの自分のアイデンティティーが否定されることが怖いのです。だから、表向きは「二一世紀に向けて」「令和の新時代」などと言いながら、本質的な変化に舵《かじ》を切れない。その典型が、最近、企業や役所などで流行《はや》りのように掲げられている、国連の持続可能な開発目標（SDGs）、LGBTQ、ダイバーシティー&インクルージョンなど横文字のスローガンです。一見、誰も取り残さない、多様性豊かな社会を目指しているような印象を受けますが、それは上辺だけのことで、本音では「いや、日本は日本だから」と、世界で起きていることに見て見ぬふりをしているように思えてなりません。

私がそのことを強く感じたのは、二〇二二年のFIFAワールドカップでした。開催国のカタールでは、競技場などを建設するとき、劣悪な労働条件で外国人労働者たちを働かせ、一説では六五〇〇人以上もの死者が出たと報道されました。いつもなら熱狂的に盛り上がるヨーロッパでは、「本当は試合を観たいけれど、こんな人権侵害が横行するワールドカップは応援したくない」という動きが広がったほどです。また、死刑などの罰則で同性愛を禁止しているカタールを非難する声も上がりました。しかし、日本ではメディアがこの問題を大きく取り上げることもなく、日本サッカー協会の田嶋幸三《たしまこうぞう》会長をはじめとする関係者や出場した選手たちも、ある意味で競技のみに集中し、これらの人権侵害に対するコメントや抗議はほとんどありませんでした。

これは日本社会全体も同様です。ワールドカップの開催地カタールにまつわる問題を見聞きしていた人もたくさんいたでしょう。それでも、何事もなかったかのように「日本すごい」「サッカー最高」というムードだけで日本中が盛り上がったことは、他国から見ると「スポーツウォッシング（スポーツイベントの開催などによって、社会の問題から人々の意識を逸《そ》らすこと）」に加担したと言われても仕方ないものだったかもしれません。

カタールに対して非難する決議を採択した欧州議会、ＬＧＢＴＱへの連帯を意味するレインボーカラーの衣服を着用したジャーナリスト、差別撲滅を訴える腕章着用を断念させた国際サッカー連盟（ＦＩＦＡ）に抗議し、試合開始前のチーム写真撮影で口をふさぐポーズをしたドイツ代表チーム、カタールの外国人労働者やＬＧＢＴＱの扱われ方を堂々と批判したオーストラリア代表チームと同国サッカー連盟……ワールドカップのネガティブな面に異議申し立てをする海外の人々と日本の盛り上がりには大きな差を感じました。

スポーツ観が変われば社会が変わる

結局、日本には島国根性が強固に根を張っているということなのかもしれません。世界の一員であるかのようなふりはしているけれど、けっして世界の潮流と連動しようとはしない。今まではそれでやってこられたのでしょうが、もうそういうわけにはいきません。

気候変動のような地球規模の危機が迫っている中で、口ではきれいごとを言いながら、「日本は特別」と何も変えようとしないのであれば、世界の人々と協調して問題を解決していくことなどできないでしょう。経済成長もせず、少子高齢化で人口は減る一方、資源もなく食料自給率も極端に低い日本のような国で、「日本は優秀」「日本には日本のやり方がある」などといつまであぐらをかいているのでしょうか。

スポーツ界も社会も、昭和的な価値観から脱却しなければ、時代に取り残されていくことになってしまう。これは今の日本が直面する、大きな課題だと思います。これまで馴染《なじ》んできた価値観ややり方を変えることは怖いでしょう。でも、そこを乗り越えない限り、日本の未来はありません。

いまだに昭和世代が決定権を握っている日本こそ、真の意味でのスポーツが必要です。私は、日本がこれまでのやり方から脱却するために、スポーツが果たせる役割は大きいと考えています。スポーツには、それだけの可能性があるのです。

昭和のスポーツが勝利至上主義で強い人間だけに光が当たり、弱者が切り捨てられていくものだったとしたら、令和の時代のスポーツは、抜きん出たアスリートたちが活躍しつつも、トップ選手以外も生き生きと楽しめるものになっていくことが必要です。それでこそスポーツは盛り上がるし、そんなスポーツのあり方は誰もが幸せに生きられる社会と重なります。しかし、このまま昭和的価値観に染まったスポーツのままであれば、スポーツは単なる感動産業に成り下がってしまうでしょう。

これまでのスポーツのあり方を変えることができるのなら、日本社会もよりしなやかで未来志向の社会へと変化していけるはずです。

社会を変えていくという視点でスポーツを見る、あるいはスポーツを通して社会を見ていくことが今、求められているのだと思います。私たち自身を、そしてこの社会を、ポジティブに変えていくために、スポーツの価値とは何か、そこから私たちは何が得られるのか、これからこの本の中で一緒に考えていきましょう。

序章　東京五輪の「レガシー」とは何だったのか？

東京五輪検証の意義

「スポーツの価値」について考えるとき、やはり五輪は一つの指標になると思います。

特に一年延期し、二〇二一年に開催された二〇二〇年東京五輪は、私たちにとってスポーツはなぜ必要なのかを問う大会となりました。世界中が新型コロナウイルスのパンデミックに苦しみ、開催地である東京にも緊急事態宣言が出されるという、未曽有の危機の中で行われたこの五輪は、結果的に日本のメダルラッシュに沸き、関係者の多大な努力に支えられて終えることができました。このことをもってして、「スポーツが持つ力を示せた」という意見もあります。

一方、この五輪が「コロナ禍で医療が逼迫《ひっぱく》しているのに、なぜ五輪をしなければならないのか」「緊急事態宣言発令中で経済的苦境にある人も多い中、なぜ五輪に莫大《ばくだい》なお金をかけるのか」といった疑念や不公平感を招き、多くの国民の心にしこりを残したことも事実です。

中止や延期を求める声が上がっていても、「バブル方式」など感染対策を講じるなど

「安心・安全」と繰り返し、「やると決めたらやる」とばかりに、きちんとした議論を経ないまま、開催を前提とした決定が次々と下されていきました。無観客での開催は、感染拡大のリスクがある状況で五輪を開催するにあたり、国民を納得させるための最後の切り札だったのだと思います。しかし、その議論の主導権を握ったのは、菅義偉《すがよしひで》首相、小池百合《ゆり》子《こ》東京都知事、橋本聖子五輪担当大臣（のち組織委員会会長）などの政治家たちであり、日本オリンピック委員会（JOC）が存在感を示すことがほとんどできなかったことに、二〇二一年六月までJOC理事だった人間として、忸怩《じくじ》たる思いでいます。

また、「はじめに」でも述べたように、不祥事の頻発や、五輪の理念から逸脱したジェンダー不平等、アンフェアな振る舞いがまかり通ってしまったことなど、今回の東京五輪ではさまざまな課題が噴出し、反省すべき点が数多く見られました。けっして、「感動した」「無事終わって良かった」ですませて良いものではないと思います。

こういうことを言うと、「選手たちの頑張りに水を差すのか」と反発されることもあります。もちろん、選手の活躍はとても嬉《うれ》しいことですし、大会延期や感染対策のための隔離など前例のない困難を乗り越え、素晴らしいパフォーマンスを見せてくれた選手たちを称《たた》えたい気持ちは皆が共有できる部分でしょう。

ただ、選手の頑張りや勝ち負けだけに焦点が当たり、開催の可否について議論すること自体がはばかられるような空気になっていくのは、やはりおかしいのではないでしょうか。「喉元過ぎれば熱さを忘れる」と言いますが、「もう終わったことだから」と見ないふりをしては、また同じ問題が繰り返され、五輪へのさらなる不信を強めることになってしまいます。

現在、札幌市が二〇三〇年冬季五輪招致を目指していますが、やるのであれば、国レベルの支援をする価値があると、国民に応援してもらえるような大会でなければなりません。そうしたことも踏まえ、二〇二〇年東京五輪で果たせなかったことは何か、きちんと検証することが重要です。

五輪が特別である理由

東京五輪開催にあたり、「コロナ禍でさまざまなイベントが中止されているのに、なぜ五輪だけが特別なのか」と批判されましたが、特別扱いされるのには、それなりの理由があります。オリンピック憲章にもあるように、五輪開催の目的は「倫理規範の尊重」「平和な社会の推進」「人類の調和のとれた発展」「スポーツを文化、教育と融合」「生き方の創造の探求」など多岐にわたります。五輪は、それらの理念を実現するための気づきを与え、人々の意識や行動の変容を起こしていくからこそ、ワールドカップや世界選手権など他のスポーツイベントとは一線を画した、特別な大会として扱われるのです。「人種、肌の色、性別、性的指向、言語、宗教、政治的またはその他の意見、国あるいは社会的な出身、財産、出自やその他の身分などの理由による、いかなる種類の差別」にも反対する五輪は、多様性の尊重を目指しており、SDGsにも通じるものと言えるでしょう。

招致のために一国の大統領や首相が「ぜひ我が国に」と演説をするスポーツ大会も、やはり五輪だけです。なぜなら、五輪の理念の下に、ビザなどの外交上の問題がある国や地域からの代表チームも支障なく参加できるよう、国家が全面的にバックアップするという前提で、五輪開催地が決められるからです。一方で、ボイコットなど政治的な思惑に巻き込まれるのも、五輪がそれだけ特別な大会だからと言えるかもしれません。

では、そうした特別な五輪を開催することで、日本は前述した五輪の理念をどれだけ実現することができたでしょうか。

そもそも、二〇二〇年東京五輪は「スポーツには世界と未来を変える力がある」を前提として、「すべての人が自己ベストを目指し（全員が自己ベスト）」「一人ひとりが互いを認め合い（多様性と調和）」「そして、未来につなげよう（未来への継承）」というコンセプトを掲げた大会でした。しかし実際には、世界的なコロナ・パンデミックの中で、開催することと自体がゴールとなってしまったと思います。

たとえば、「多様性」の指標の一つであるジェンダー平等だけを見ても、日本のジェンダーギャップは一四六か国中一二五位（二〇二三年）で、年々、順位を下げています。二〇二〇年東京五輪では、過去最多の一六〇人以上の選手がＬＧＢＴＱであることを公表して参加し、高飛び込みではゲイの選手が金メダリストになりました。しかし、開催国の日本選手からは誰一人このような動きが見られなかったのは、単にＬＧＢＴＱの選手がいなかっただけなのでしょうか。日本の社会はＬＧＢＴＱのオリンピアン、パラリンピアンが無条件で受け入れられる環境なのかどうかを問うてみるべきかもしれません。

レガシーは選手の活躍だけではない

一方、東京五輪のコンセプト実現に向けて、ポジティブな取り組みがまったくなかったわけではありません。JOCは二〇二一年六月の役員改選で、フェンシング女子元日本代表でトランス男性の杉山文野《ふみの》さん、性的マイノリティ（クィア）であることをカミングアウトしたフィギュアスケートペア元日本代表の高橋成美さんを理事に選出しましたが、これは一つの大きなメッセージだったと思います。

これまでLGBTQの存在を見て見ぬふりをしてきた日本のスポーツ界も、東京五輪を契機に少しずつ風向きが変わりつつあり、二〇二一年九月に開幕した女子プロサッカーリーグ「WEリーグ」では、「性の多様性」を理念の一つとして打ち出しました。また、JOCが包括協定を結んだ「プライドハウス東京」など、LGBTQを支援する民間団体の活動も社会で認知されるようになってきています。二〇二三年二月に共同通信社が行った世論調査では、「同性婚を認める方がよい」と答えた人は六四・〇パーセントで、「同性婚を認めない方がよい」とした二四・九パーセントを大きく上回るなど、社会の空気は数年前と大きく変化していると感じます。

もしかしたら、東京五輪がまいた種がこうした変化につながっていると言えるかもしれません。一つ心配なのは、表面的にでも何かやったことで成し遂げた気になったり、わかった気になったりして、「自分たちはもう問題ない」「差別なんてしていない」とあぐらをかいてしまうことです。種をまいたと安心してその後何もしないままでは、花も咲かなければ実がなることもありません。今は、まいた種に水や肥料をやり、育てていく段階なのだと思います。

東京五輪でまいた多様性の種が社会への意識付けになったのだとしたら、常にアクションを起こして一歩でも二歩でも歩き続けていかなければ、社会はすぐに逆戻りし、元の木《もく》阿弥《あみ》になってしまうでしょう。これは、スポーツ界に限らず、政府はもちろん、あらゆる企業や組織に関して言えることです。

障害者を取り巻く状況においては、「やった気になっただけ」になっているかのようにも思えます。二〇二一年九月に障害者を対象に行われた共同通信社の東京パラリンピックアンケートでは、「最近、障害を理由に周囲の言動で差別を受けたり感じたりしたことがあるか」との質問に、全体の三四パーセントが「ある」とし、二〇一九年に調査を行ったときの三六パーセントと大きな違いは見られませんでした。パラリンピックを観た人たちは「障害があっても挑戦する姿に感動した」という感想に留まってしまい、「障害者との共生」という価値観をどう具現化していくかというビジョンまでは示せていなかったことをうかがわせる調査結果だと思います。

オリンピック・パラリンピックのレガシーとは、選手の活躍だけを指すものではありません。ジェンダー平等にしても障害者との共生にしても、互いの間に存在するバリアを乗り越えて、ともに生きていく多様性あふれる社会を実現するために一体何をしたのか、そうしたことも含めて初めてオリンピック・パラリンピックの「レガシー」と呼べるものになるのではないでしょうか。

巨額の開催費用

東京五輪は、自国開催で選手育成に対する高いモチベーションや支援があり、さまざまな競技の強化につながりました。しかし、たくさんの税金が投入され、社会的にも大きな影響力を持つ五輪は、アスリートだけのものではありません。

五輪には「経済効果がある」と言われますが、一九六〇年以降、どの大会でも五輪の開催費用は予算超過が続いており、二〇一二年ロンドン五輪は七六パーセント、二〇一六年リオデジャネイロ五輪は三五二パーセントの予算オーバーで、それぞれ一兆五〇〇〇億円を超すコストがかかりました。二〇二〇年東京五輪もまた、招致時には「世界一コンパクトな五輪」と謳《うた》っていたにもかかわらず、七三四〇億円とされていた開催費は一兆四二三八億円（「東京オリンピック・パラリンピック組織委員会最終報告」より）に膨れ上がりました。これでも九三パーセントの予算超過となりますが、試算によっては開催費用は三兆円以上になるとも言われ、その場合は三〇〇パーセント以上のオーバーです。しかし、これまでの五輪が常に予算オーバーとなっていたことからすれば、これは事前に予想できることだったはずです。

これだけ巨額の開催費の費用対効果がどれだけあるのか、ということはしっかりと検討すべきでしょう。たとえ経済効果があったとしても、それは一時的なものに過ぎず、しかも、東京五輪は期待されていたインバウンド需要やチケット販売による収入もないという苦境に立たされました。さらに、五輪のためにつくった競技施設の莫大な維持費負担を考えると、一〇年、二〇年という長期では、経済効果どころか、開催地の市民にとって五輪は負の遺産になりかねません。

東京五輪では、一度決まったザハ・ハディド氏の案が白紙撤回され、隈研吾《くまけんご》氏設計による新国立競技場が新たにつくられました。しかし、観客が誰もいない巨大なスタジアムの寂しい光景は、五輪のために何万人も収容する大きな会場の新設は本当に必要なのか、という問いを投げかけました。たとえコロナ禍が収束したとしても、今後も新たなウイルスの流行やテロの脅威にさらされる可能性はあり、満員のスタジアムでの観戦はリスクとされ続けるかもしれません。巨大なスタジアムの後活用も含めて、今後は、五輪スタジアムの適正な収容人数について議論していくことも必要でしょう。

映像や通信技術が発達した今の時代は、スタジアムで観戦しなくても、競技を楽しむことができます。「いや、その場にいくからこそ価値があるんだ」との声もありますが、それでは五輪は現地観戦できた人だけしか恩恵が受けられないということになってしまうでしょう。「教育的意味がある」とされた子どもたちのオリンピック・パラリンピック観戦についても、今回の五輪で、オンライン交流という新たな可能性を見出《みいだ》すことができました。こうした前例にないやり方や経験値を、次に活かすことも大切だと思います。

日本選手の応援より大事なこと

これは東京五輪だけのことではありませんが、日本では、スポーツを観るときの最大の関心事が「日本選手が勝つかどうか」となる傾向が非常に強いと思います。五輪等の世界レベルの大会になると解説者の中には、解説よりも応援という印象の人も散見されます。「日本人なんだから、日本選手を応援して何が悪い」と言う人もいるかもしれません。「悪い」とは言いませんが、スポーツを楽しむという観点からすれば、それだけでは十分ではないように思います。本来、五輪は、世界最高レベルのパフォーマンスを通じて、各競技の素晴らしさを広く伝えるものです。せっかく世界中から超一流の選手が集まっているのですから、日本選手の応援のみならず、世界トップレベルの素晴らしい技や好敵手同士の白熱した戦いを楽しまないのは、本当にもったいないと思います。

自国の選手が勝つかどうかに関係なく、スポーツそのものを楽しむというお手本は、テニスの四大大会の一つ、ウィンブルドン選手権の観客です。彼らが期待しているのは、

「世界屈指のプレーヤーたちがどんな素晴らしいテニスをするか」ということであって、イギリスの選手であろうとなかろうと、一流のプレーには惜しみなく拍手喝采を送ります。私はそうしたウィンブルドンの光景を見るたび、「テニスというスポーツはイギリスでは文化として根付いているのだな」と、感じます。

音楽を愛好する人々が、世界一流の演奏家たちが奏でる音楽を楽しみに演奏会に足を運ぶとき、演奏家が日本人かどうかは、あまり関係ありません。また、ルーブル美術館を訪れるのは、世界の名画を観たいという動機があるからでしょう。スポーツでも、それと同じことが言えるのではないでしょうか。

東京五輪で、野球の侍ジャパンが熱狂的に報道されたのも、野球という競技の素晴らしさというより、日本が勝つか負けるかというところに焦点が当てられた面が強いように思います。侍ジャパンは金メダルを獲《と》りましたが、野球競技に出場した国は日本を含めた六か国しかありませんでしたから、金銀銅いずれかのメダルを獲る確率は二分の一と非常に高かったわけです。決勝戦の相手となったアメリカチームに大リーグで活躍する選手の参加は多くなかったにもかかわらず、「あのアメリカに勝った！」とはしゃぐ様子に、少し違和感を覚えました。

また、二〇二三年三月に行われたワールドベースボールクラシック（WBC）の盛り上がりを見るにつけ、五輪に野球が必要なのかと思わずにはいられませんでした。この大会ではアメリカを筆頭に、出場した国の多くに大リーグで活躍している選手が含まれており、五輪に比べてレベルの高い戦いでした。日本も大谷翔平《しょうへい》選手など大リーガーを含む、可能な限りのベストメンバーで臨みましたが、準決勝、決勝は紙一重で勝利を手にしました。しかも五輪では、男子は野球、女子はソフトボールという組み合わせになるのもよくわかりません。男女ともにソフトボールではいけないのか。男子サッカーはワールドカップとの差別化を図るために、五輪では二三歳以下という年齢制限が設けられています。ラグビーも一五人制では二週間という五輪期間内では試合の消化が難しいことから、七人制になっています。個人競技では、ゴルフやテニスなど、プロ競技として歴史も伝統もあるスポーツをあえて五輪で実施する意味は何であるのかということについては、議論が必要だと感じています。

決勝戦を生中継しないメディア

日本の選手ばかりに注目するのは、メディアもまたしかりです。おそらく、「日本の選手を映していれば視聴率が取れる」という発想なのでしょう。しかし、オリンピック・パラリンピックは国ごとの勝ち負けを競うだけのスポーツ大会ではありませんし、自分の国の選手が勝てば後はどうでもいいというのでは、少々視野狭窄《きょうさく》ではないでしょうか。「スポーツを通じて平和を構築すること」という五輪の理念に沿うならば、よく知らない国の選手の活躍を見せることで「この国ではこういうスポーツが盛んなのか」と、自分たちの国以外の国や地域についての理解を深めるきっかけをつくることもまた、メディアに求められているはずです。

また、日本では外国選手同士による金メダルを懸けた決勝戦より、日本選手が入賞できるかどうかという場面が優先的に放送されることも珍しくありません。東京五輪でも、スペイン対ブラジルという強豪同士の好カードになったサッカーの決勝戦は、地上波ではオンタイムで放送されず、日本選手が出場していた別競技が優先されました。実際には、BSではオンタイムで放送されていましたが、告知が徹底されず、サッカーファンは、見逃したり、落胆した人も多くいたようです。

五輪の醍醐味《だいごみ》は、スポーツを通して人間の可能性を見せるところにあります。さまざまな競技をリアルタイムで観る中で「こんなにすごいジャンプができるのか」「こんなかっこいいプレーができるのか」「こういうすごい技があるのか」と目をみはる体験は、そうそうできるものではありません。また、その競技をやっている子どもたちも、トップの高みを知らなければ、自分たちが今どの位置にいるかということもわかりませんし、そこを目指すことすらできないでしょう。二〇二二年FIFAワールドカップではインターネットテレビ局のABEMA《アベマ》が全試合を無料生中継し、話題になりました。サッカーファンは、日本戦はもちろん、世界の強豪国の真剣勝負をリアルタイムで存分に堪能したはずです。オリンピック・パラリンピックでもこのような放送ができることを期待します。

メダリストはタレントではない

メディアには、もう一つ注文をつけたいことがあります。それは、メダリストはタレントではない、ということです。

東京五輪のメダリストたちは、スポーツ番組だけではなく、バラエティー番組にもひっぱりだこでした。それはスポーツのエンターテインメント化が進んでいることの表れでもあると思います。趣味や好きな食べ物などの話題から選手たちの人柄を伝え、親しみを持ってもらうのも良いでしょう。しかし、せっかくメダリストが出演しているのに、彼らが五輪に出たことで何を感じ、その経験を実生活にどう活かしていくかというような視点がメディアの側にあまりなかったことは、大変残念です。

たとえば、女子ボクシング・フェザー級で金メダルを獲った入江聖奈《せな》選手は、「カエル好き」というユニークさや飾らない人柄もあり、メディアの人気者になりました。ただ、五輪金メダリストである彼女を、あまりにもタレント的に扱っているメディアのあり方には、違和感を覚えずにはいられませんでした。

入江選手に限らず、メダリストに対するメディアの扱いは、まるで一時的に人気が出たアイドルをちやほやしているかのように思えてなりません。アイドルが出ては消えていくように、前回のリオデジャネイロ大会のメダリストたちの名前は、今、ほとんどメディアに出てこなくなりました。時間の流れが速いので致し方ないとはいえ、メダリストが一発屋のタレントのように扱われるのはいかがなものかと思います。

これには、時代の変化もあるでしょう。かつて、王・長嶋に代表されるような偉大なスポーツ選手は、近寄り難いほどのオーラを放っていましたが、今のアスリートたちはもっと身近な存在です。それは、SNSの書き込みや誹謗《ひぼう》中傷にもつながり、メダリストも含めた今のスター選手たちは、そうやって人々に良くも悪くも「いじられる」対象ともみなされています。自分たちが何者で、どう振る舞っていいのか、戸惑いを持つアスリートも少なくないでしょう。

私自身も五輪メダリストですが、五輪に出場し、活躍できた自分は、やはり稀有《けう》な経験を積ませてもらう特権を得たのだと感じています。メダリストには、その経験を社会の中で活かしていく責任があります。

五輪のメダリストたちがタレント的にメディアに消費されて終わりでは、あまりにも寂しいと思います。彼ら・彼女らが五輪で経験したことをもっと発信していく機会をつくっていくことが必要です。

勝利至上主義が選手を追い詰める

一九六四年東京五輪の代表選手たちは、文字通り、国を背負い、命を懸けて戦った人たちだと思います。けれども、最近の選手を見ていると、以前ほど「国を背負う」という悲壮感がなく、「五輪を楽しみたい」と、爽やかに大会に向かう印象があります。

その一方で、五輪のような大きな大会に出場するには、個人の努力を超えたところで、「アントラージュ」とも呼ばれる、さまざまなスタッフやスポンサーなどが連携してサポートする力も必要になってきます。メダルを獲った選手が記者会見で周囲への感謝を口にするのも、負けた選手が「申し訳ありませんでした」と涙ながらに謝るのも、自分がどれだけたくさんの支えを得て五輪の舞台に立っているか、よくわかっているからです。支えてくれた大勢の人々の努力に報いるために「何が何でも勝たなければ」と重圧を感じる選手がいるのも不思議ではありません。

二〇二〇年東京五輪に限ったことではありませんが、「金メダルを獲れなくて申し訳ない」「（お世話になった人たちに）勝って恩返しをしたかった」と謝罪する日本選手の姿は、私たちには馴染みのある光景です。しかし、海外のメディアは「銀メダルという素晴らしい成果を得たのに、なぜ謝るのか」「五輪入賞は称えるべき成績ではないか」と不思議でならないようです。

二〇二二年北京《ペキン》冬季五輪でも、メダルを獲れなかったことに対して謝罪をする選手がいました。スキージャンプ混合団体で、日本チームが四位になった結果を受け、一回目のジャンプが失格となった高梨沙羅《さら》選手が、「皆様を深く失望させる結果となってしまった事、誠に申し訳ありませんでした」「今後の私の競技に関しては考える必要があります。それ程大変なことをしてしまった事深く反省しております」と、真っ黒の写真とともに、自身のインスタグラムで謝罪したのです。

高梨選手の謝罪には「私の失格のせいで皆んなの人生を変えてしまったことは変わりようのない事実です」と、チームメイトに対する文章もありました。確かに、五輪のメダリストはメダルを獲れなかった選手より注目され、引退後もメダリストという肩書きがついて回りますが、それだけで幸せになれるほど、人生は単純ではありません。

高梨選手の失格により一回目は八位だった日本チームは、最終的には四位まで順位を上げました。スーツの規定違反による失格という予期せぬ事態にも心折れることなく、チャレンジし続けた選手たちを、私はリスペクトしたいと思います。勝負は時の運、人生に必要なのは、メダルよりも、むしろ失敗してもあきらめずに全力を尽くす姿勢であり、そんなアスリートたちから私たちは勇気をもらい、生きるとはどういうことかを学ぶことができるのです。メダルの数だけではなく、スポーツが伝えるそうした側面にも、もっとスポットを当てていくべきだと思います。

メダルの数に一喜一憂しない

一番を目指すことは素晴らしいと思います。トップを目指して競い合うことによって、より早く、素晴らしい成果が生まれるのは、スポーツの世界だけではありません。研究者の世界でも、たとえば誰よりも先に新薬を開発したり、論文を出すことが評価されますし、新型コロナウイルスのワクチンがあれほど早く開発されたのも、世界中の科学者たちが「少しでも早く」と競争した結果です。

一方で、世界のトップアスリートが集まる中での四位は、たとえメダルに届かなかったとしても、やはりすごいことに変わりありません。

三位と四位の差がどれだけあるのかということも、冷静に考える必要があるでしょう。ほんのわずかな点差でメダルの有無が決まることも多いですし、メダルを獲れるかどうかは、選手の実力もありますが、その時々の状況次第というところもあります。

また、三位を二人（もしくは二チーム）認める競技もあれば、一人（もしくは一チーム）しか認めない競技もあるということを考えると、「銅メダル」の価値は競技によって違うとも言えます。メダルの数にしても、水泳や体操のようにいくつもの種目に出場できる競技の選手は、野球やボクシングなど一つの種目しかない競技の選手と違って、複数のメダルを獲得するチャンスに恵まれているわけです。

そう考えると、メダルが獲れた獲れなかったということばかりに価値を置くのは少し表面的すぎるし、メダルはそれほど本質的なものではないということが見えてきます。どこかに線引きは必要だというなら、たとえば八位入賞の選手までメダルを授与するということにすれば、メダリストも増やせますし、「四位になってごめんなさい」と選手が謝罪する痛々しい光景も少なくなるでしょう。

八位までメダリストという提案は荒唐無稽に聞こえるかもしれませんが、要はバランスの問題です。一番を目指すことや、メダルにこだわりすぎることとの折り合いをつけることを、そろそろ真剣に考えるべきではないでしょうか。

アスリートのメンタルヘルスを守るために

近年、アスリートのメンタルヘルスが問題になっています。

日本でも、テニスの大坂なおみ選手、五輪に三大会連続出場し、リオデジャネイロ五輪の金メダリストである水泳の萩野《はぎの》公介さん、バレーボール元日本代表の大山加奈さん、サッカー日本代表のゴールキーパー、権田《ごんだ》修一選手など、多くのアスリートたちが精神面の不調に苦しんだ経験を語っています。

才能がある人は、それだけで「強い人」と思われがちです。「こんなことで悩んでいる」と打ち明けても、「そんなにすごいのに、何を贅沢《ぜいたく》なことを言っているの」などと言われてしまったりします。けれども、どんな立場にあっても、人には皆、それぞれの葛藤や苦しみがあります。トップアスリートの場合、尋常ではないプレッシャーに向き合わなければならないストレスはもちろんですが、高い次元にいるからこそ、常に勝たなければ認めてもらえないし、メディアやＳＮＳで不特定多数の人から誹謗中傷の類いの批判を受けるかもしれないという現代社会ならではの苦しさもあるのだろうと想像します。アスリートに限らず、天から特別な才能を授かった人たちは、その期待に応え続ける精神的なタフさを併《あわ》せ持っているわけではなく、自分の弱さを受け入れることもできずに苦しむケースがあるのだと思われます。

東京五輪で衝撃的だったのは、女子体操のアメリカ代表、シモーネ・バイルズ選手の取った行動でした。史上最高の女子体操選手と呼ばれる彼女は金メダルの最有力候補だったにもかかわらず、「自分の体と心を守らなければならない」と、いくつかの種目を棄権しました。これは非常に大きな問題提起であり、メンタルヘルスの問題を弱さとみなす風潮が強いスポーツ界において、本当に勇気ある行動だったと思います。

後に彼女は、団体決勝の跳馬の演技中に、「ツイスティーズ」と呼ばれる、精神状態が影響を及ぼして空中で方向感覚が失われる状態になり、大怪我《おおけが》につながる可能性もあったと明かしました。バイルズ選手を欠いたアメリカは銀メダルという結果でしたが、万全のコンディションではない中で無理に競技を続ければ、怪我だけではなく、チームの他の選手にも影響を及ぼした可能性もあります。

勝利を絶対視されていたバイルズ選手の途中棄権は、彼女ほどのスーパーアスリートであっても、私たちと同じ、弱さや感情を持つ一人の人間であり、完璧な演技をし続けることへのプレッシャーとは無縁ではないことを世界に示しました。

バイルズ選手に対しては、「試合から逃げた」という非難の声も上がりましたが、彼女の決断に共感し、「誇りに思う」と称える人々もまた多かったと思います。その中には、少なからぬアスリートたち、そしてバイルズ選手のチームメイトたちも含まれていました。

バイルズ選手は記者会見で「自分が好きだからやってきた競技を他の人たちのためにやっているようで心が痛む」とも語り、後の取材で「以前ほど自分を信用できない。緊張するし、楽しくも感じなくなった」と話しています。彼女の途中棄権は、金メダル以上に大切なのはアスリートのウエルビーイングであることを、私たちに気づかせてくれたと思います。

スポーツ以外の人間関係が大切

自分の弱さを見せることには、勇気がいります。我慢を美徳とする日本では、誰かに悩みを打ち明けること自体を良しとしない風潮があり、特にスポーツ界ではメンタルが弱い＝弱者とみなされてしまうので、素直に弱さを見せられるアスリートはまだ少数派かもしれません。

今、日本のトップチームではメンタルトレーナーを置くところが増えてきています。そういう専門家の存在は、チームメイトや監督、コーチには言えないことを相談できる安心感を与えてくれるでしょう。ただ気になるのは、サポートの方向が、アスリートが一〇〇パーセントの力を発揮できるようにするにはどうすればいいかというところに向かっていることで、結局勝つためのメンタルトレーナーなのか、という気がしないでもありません。現実問題として、トップであればあるほど勝つことが大切になってくるわけですから、そうなってしまうのも無理はありません。

また、チームのメンタルトレーナーはある意味、内部の人間であるので、本当に何でも言えるという心理的な安心感があるかという点では少々微妙なところがあります。そう考えれば、やはり、その競技団体やチームから離れたまったくの第三者として相談できる、それぞれのアスリートのかかりつけのお医者さん的なメンタルトレーナーが必要ではないかと思いますし、そのための仕組みづくりも求められます。

一つ大きな課題は、アスリートの人間関係は得てして非常に狭いものになりがちだということです。学生時代はともすれば学校が世界のすべてになりがちですが、スポーツに打ち込む生徒や学生は部活のコーチやチームメイトの価値観でしか自分が見られなくなる傾向が強いと感じます。ましてトップに上り詰めれば上り詰めるほど、何かアンタッチャブルな存在と思われて、友人との交流も減り、孤独に陥ることは珍しくありません。学校を卒業し、社会に出ていけば、職場や家庭、趣味など、世界が広がり、逃げ場もつくれますが、現役のアスリートの場合はそういう切り替えができない環境に置かれることも多いのです。「スポーツ界の常識は世間の非常識」とよく言われるように、自分がそういう狭い世界にどっぷりつかっていることを、アスリートは自覚した方が良いと思います。

だからこそ、意識的にスポーツ界以外の人間関係をつくって、外の世界と行き来することが大切になってきます。気の置けない友だちとのたわいない会話で気分がすっきりすることもあるでしょうし、「自分が思い詰めていたことは、つまらないことだったんだな」と、ふっと楽になるかもしれません。専門家の助けが必要になる前の段階から、そうやって本音で気軽な話ができる相手がいることは、アスリートのメンタルヘルスを守るために意義があると思います。

たとえば、身近な家族もそうした役割を果たせるかもしれません。柔道では女子六三キログラム級で高市未来《みく》選手と堀川恵《めぐみ》選手のツートップがしのぎを削っていますが、元々強かった彼女たちが結婚を機にさらに強くなったと言われています。ちなみに、この二人の伴侶はともに柔道家ですが、コーチとは別の観点から、自分を評価してもらったり、アドバイスをもらうことが、役に立っているのかもしれません。また、パートナーが自分の専門外の人であっても、利害関係やよけいな遠慮もなく、気楽に話せるという利点もあるように思われます。

辛《つら》さや苦しさは誰かに話をし、傾聴してもらうだけで軽減することがあると聞きます。大事なことは、本人の辛さや苦しさに寄り添い、「大丈夫だよ」と認めてくれる人が近くにいることだと思います。アスリートに限らず、どんなに地位が上がっても名誉を得たとしても変わらず接してくれる人は何よりの支えとなるでしょう。

希望の萌芽《ほうが》

東京五輪では、バイルズ選手のようにプレッシャーに苦しむ選手とは対照的に、「好きだからやっている」と、選手が自然体で競技を楽しむ姿も見られました。

特に印象的だったのは、今回正式種目となり、メダルラッシュとなったスケートボードの選手たちです。国の威信やメダルなど関係なく、誰かが素晴らしい技を披露したら称え合い、ライバルであっても失敗したら励まし合う光景は、メダルを獲らなければならないと悲壮感を漂わせていたこれまでの日本選手とはまったく違いました。

女子パーク決勝では、惜しくも四位だった岡本碧優《みすぐ》選手の演技後に、他の選手たちが彼女の健闘を称えて抱擁するシーンがありました。こんな光景こそ自由で爽やかなスポーツマンシップを象徴するものだったと思います。

五輪は本来、国と国との代理戦争ではなく、そこに集うアスリートたちが言葉や文化の違いを超えて競い合うことで自分たちの能力を高め合い、平和な世界をつくっていくためにあるものです。ライバルは倒すべき敵ではなく、同じ競技の高みを目指す仲間としてリスペクトし合う。スケートボードの選手たちが見せてくれた可能性は、今後の日本のスポーツが勝利至上主義を超えていく、一つの希望だと思います。

第一章　子どもが輝くスポーツのあり方

勝利至上主義が、子どもを潰す

序章で、東京五輪を例に勝つことや強さだけがすべてというスポーツのあり方の問題を述べましたが、こうした勝利至上主義は子どもにとっても望ましいものではありません。今の世の中では「多様性が大事」と言いながら、実際は「勝利こそすべて」という教育観からなかなか抜け出せていないように思います。

たとえば、受験勉強が苦しいのは、学ぶことの楽しさが脇に追いやられ、合格することが至上の目的になってしまっているからでしょう。中学受験の日に、鉢巻をした塾の先生たちが校門の前で「頑張ってこいよ!」と叱咤《しった》する風景は、「必ず勝て!」と選手を送り出すスポーツの指導者を彷彿《ほうふつ》させます。こうした風潮を変えていくためにも、スポーツがいち早く勝利至上主義ではない価値を示すことは大きな意義があるはずです。

私も勝つことは大好きですし、勝つことがスポーツの楽しさの一つだということは否定しません。ただ、それだけが価値とされることで潰されていったり、スポーツが嫌いになったりする子どもたちが大勢いるということを考えれば、勝ち負けを超えたスポーツの楽しさを、もっと共有していくことが必要です。

勝つことを追求することが良くないといっても、小学校の徒競走で順位をつけず、みんなで手をつないでゴールするというようなことではありません。「順位をつけたら、負ける子がかわいそう」というのは、結局、勝つことが一番良いと思っていることの裏返しだと思います。

では、勝ち負けには関係なく、皆が拍手するのはどのようなときでしょうか。足が遅くても一生懸命走る子や、転んでもあきらめずにゴールを目指す姿に、見ている人は「頑張れ」と応援し、満場の拍手で称えます。甲子園で接戦の末負けたチームに、勝ったチームより大きな拍手が送られるのは、勝利にはあと一歩だったけれども、精一杯力を尽くしたことに清々《すがすが》しさを感じるからでしょう。ゴルフはハンディキャップを設定して上級者と初心者などが競い合えるようにしています。平等ではなく公平性の観点と、皆が楽しめることを大事にする、スポーツの根源が示されているのかもしれません。

一生懸命やることに価値があるということが根付いていれば、徒競走に順位をつけても、一等の子にも最下位の子にも等しく拍手するということになるはずです。それがひいては、足の速い子もいれば遅い子もいて、それぞれを認めるという、多様性のある社会にもつながっていくのではないでしょうか。

若年層の全国大会は必要ない

日本ではどの競技団体も、普及よりも強化にかける資金や熱量が圧倒的に多い現状があります。しかし、金メダリストを目指そうと思う人はほんの一握りなのですから、そうではない多数派を大切にし、裾野を広げ層を厚くしていくことこそが、本当の意味でのスポーツの繁栄につながると思います。

柔道を例に取れば、金メダルが最優先、強ければ子どもが憧れて柔道をやるという考え方が根強くあるのですが、それはあまりにも短絡的な考えです。私は「いくら金メダルをたくさん獲ったとしても、それだけでは柔道をやる子どもは増えませんよ」と言い続けてきましたが、実際、日本の柔道人口は減り続ける一方です。

その意味でも、これまでどの競技にも増して勝ちにこだわってきた柔道が、二〇二二年三月に小学生を対象とした個人の全国小学生学年別柔道大会廃止を決めたのは、英断だったと思います。全日本柔道連盟（全柔連）が全国大会廃止の理由として挙げたのは、いきすぎた勝利至上主義が見られるということでした。実際、基礎的な技をしっかり教えるよりも、相手の反則を誘うなど勝つためのノウハウに走る指導者がいるのも事実です。会場では、審判の判定に納得しない保護者から、罵声が浴びせられることもあります。全国大会でこのような光景が繰り広げられるというのでは、礼に始まり礼に終わる柔道の精神はどこへいったのかと言われても、仕方がありません。

これは、柔道に限ったことではありません。日本は小学生や中学生でも全国大会があるのが一般的で、中学校の部活動でも全国中学校体育大会出場を最終目標にし、三年生はこの大会の予選で負ければ引退ということが当たり前に行われています。受験があるからと言いますが、受験勉強の合間に週一回ぐらい好きなスポーツで体を動かせば、良い気分転換になるでしょう。そういう発想にならないのは、スポーツをする目的が試合に勝つことだけになっているからではないでしょうか。部活の引退時期一つとっても、勝つこと以外のスポーツの意義や人生を豊かにするためのスポーツ文化が、日本にまだしっかりと根付いていないのだなと感じます。

「勝つためには何でもやる」という勝利至上主義は、指導者はもちろん保護者も巻き込み、「あっちがやっているのだから、こっちも」と、過熱の一途をたどり、教員の過重労働にもつながっています。小中学生の時期に日本一を目指すのが本当に良いことなのかどうか、大人は一度立ち止まって考えてみてほしいのです。

全柔連が小学生の全国大会を廃止したとき、「柔道の創始者」であり「日本の体育の父」とも呼ばれる嘉納治五郎《かのうじごろう》の「将来大いに伸びようと思うものは、目前の勝ち負けに重きをおいてはならぬ」という言葉が引用されました。子どもの時期に勝利にこだわりすぎると、負けることを恐れるあまりに、次のレベルにいくための停滞を伴う変化を受け入れられず、伸び悩むことがあります。陸上ハードルの元五輪代表、為末大《ためすえだい》さんが、「中学で日本一になった選手が五輪代表になるのは稀《まれ》」と指摘しているように、早熟型の選手が大成することなく、競技をやめていくケースもけっして少なくありません。

また、目先の勝ちばかりが優先されて、長期的な育成は二の次になってしまうという弊害も目立ちます。たとえば柔道は体重で階級を分けますが、勝つための戦略として、減量して有利な階級に出場しようとするケースもあります。成長期には、無理な減量をせずに必要なエネルギーを摂って練習、試合に臨むことが望ましいことは言うまでもありません。たとえ、その試合では勝ったとしても、無理な減量をした歪《ゆが》みはどこかで必ず出てきます。そうならないように子どもの心身を守る責任は、大人にあるはずです。

甲子園で、怪我を押してマウンドに立つエースピッチャーを「根性がある」「よく頑張った」と褒め称えることも、似たようなケースと言えます。予選も含めて連投が続く体には当然、大きな負担がかかるわけですが、チームの勝利がかかっているとあれば、無理をしてでも投げたいと本人は思い、指導者を含めた周りも「本人がやりたいと言っている」「彼が投げなければ勝てない」と、マウンドに送り出します。しかし、そうやって無理をしたことがプロ入り後の故障や怪我につながり、短い選手生命で終わるリスクを、送り出す側はどれだけ考慮しているでしょうか。

その意味で、二〇二二年四月、日本プロ野球史上最年少で完全試合を達成した、千葉ロッテマリーンズの佐々木朗希《ろうき》投手のケースは、非常に示唆に富むと思います。中学時代から将来の可能性を期待されていた佐々木投手は、中学最後の総体では怪我を治すことを優先し、甲子園出場を懸けた岩手県大会決勝でも、指導者の判断で登板せず、チームは甲子園出場を逃しました。

　佐々木投手にとって、自分が出れば勝てるかもしれない大事な試合をベンチで見守ることは、苦しい選択だったでしょう。しかし、そのとき「将来」を優先したことが、今の活躍につながっているのは間違いないと思います。大事に育てれば佐々木投手のようになれるのかどうかはまた別の話ですが、子どもの将来の可能性を考慮するというのは、佐々木投手のような逸材だけにあてはまる話ではありません。

　子ども本人は「無理をしてでも、この試合に勝ちたい」と言うかもしれませんが、指導者や保護者は長い目で見て、その子にとってそれが本当に良いのかどうか、慎重な判断をすべきでしょう。ただ、勝利至上主義が横行する中で個々にまかせていては、目先の勝ちを優先する方向に流れてしまう可能性が大きい。そうした現状の下では、やはり球数制限などのルールやシステムをつくり、スポーツ界の仕組みとして子どもを守っていくしかないと私は思います。

全国大会ではなくレベル別のリーグ戦を

若年層の全国大会については「指導者がいきすぎた勝利至上主義にならないように気をつければ、続けても良いのではないか」という意見もあります。しかし、全国大会というものがあれば頂点を目指したくなるのが人間の性《さが》です。もちろん、勝利を追い求めてトップを目指したいという子どももいますし、その夢を否定するということではありません。ただ、すべての子どもたちを一律に「勝利」に向かわせる必要はないし、子どもの時期は勝利至上主義ではないスポーツの価値を伝える環境を戦略的につくっていくことが求められます。

その意味でも、全国大会を頂点とし、負けたら終わりのノックアウト方式であるトーナメント制にはさまざまな問題があります。

トーナメント制の予選でよく見るのは、強豪チームと対戦した弱小チームが、一方的なゲーム展開で大敗するという試合です。強豪チームの指導者は「相手が誰でも、手を抜かないで一生懸命やれ」と言いますが、ずっと格上の相手からこてんぱんにやられる方も、大量点を奪える強豪チームも、そこから得られるものは多くないのではないかと感じます。

そもそも、強豪チームは精鋭を集め、優秀な指導者を招き、練習時間や食事メニューのサポートも含めた競技力強化に力を入れているのですから、それができない公立学校の運動部のチームが対戦して勝つのは至難の業です。それなのに、強豪チームも弱小チームも同じ条件で戦うというのは、平等かもしれませんが公平とは言えないでしょう。たとえば、ピアノのコンクールであれば、多くは教室の発表会のみで、全国規模のコンクールを目指すのは、才能が認められた一部の子どもたちです。それがスポーツではなぜか、皆が全国大会を目指すことになるのは、システム的な問題だと思います。

子どもたちのスポーツの大会はトーナメント制ではなく、レベルごとに編成する小規模なリーグ戦を設け、同じくらいの競技力の相手と競い合う楽しさを経験させていくことが大切ではないでしょうか。イギリスの少年サッカーやパブリックスクールのラグビー校で行われているように、地区ごとのリーグ戦やスクールマッチを行えば、一回で叩《たた》きのめされて終わりではなく、ホームアンドアウェーで何度も対戦を重ねられます。子どもたち同士の交流を深められますし、互いに良いところを学び合い、「今日は負けたけど、今度はもっと相手を研究して、勝ってやろう」と切磋琢磨《せっさたくま》することもできるでしょう。そして、そのリーグで優勝したら、上のリーグに昇格する仕組みをつくれば、そのスポーツ全体の競技力向上にもつながっていくはずです。

「小中学生で日本一」が生む重圧

競技を長く続けるためには、勝つこと以外のモチベーションも大切です。そうでなければ、負けてばかりの子は「勝てないなら、もうやりたくない」とやめてしまい、そのスポーツに嫌な思い出が残ってしまうでしょう。

一方、一度はトップに上り詰めた子どもたちも、中学生、高校生と成長していくにつれ、急に体格が大きくなった新たなライバルも出てきて、簡単には勝てなくなります。以前は強かった子が勝てなくなったとき、勝つこと以外のモチベーションがなければ、やはり競技を続ける意欲は簡単に失われてしまうでしょう。

実際のところ、子どものときに頂点に立ったという経験は重荷になることの方が多いように思います。「勝たなければならない」というプレッシャーはもちろん、「勝ちたい」よりも「負けられない」という守りの姿勢になってしまうことも多く、挑戦する意欲が若いにもかかわらず失われてしまうこともあります。

小学六年生で日本一になった子が、中学生で関東大会一位になっても、誰も褒めてはくれません。関東で一位というのは十分立派な成績ですが、本人も周囲も過去の栄光に引きずられ、それでは満足できなくなってしまうのです。そういう子が周囲から「なぜ勝てなくなったのか」「もっとできるはずだ。努力が足りない」と言われ続けるのかと思うと、胸が痛くなります。「昔神童、今ただの人」という言葉がありますが、競技成績のピークが小学六年生という人生は、はたして幸せなのでしょうか。

子どもたちがスポーツをするとき、勝つこと以上にまず大切にされるべきは、「体を動かすと楽しいし、できなかったことができるようになることは気持ちがいいんだよ」と教えることだと、私は思います。

大リーグ・エンゼルスの大谷翔平選手は、子どもの頃、社会人野球の経験があった父親から指導を受けていました。当時、練習は土日と祝日だけで、練習を強要されることもなかったそうです。そのため大谷選手は、早く土日になって野球がしたいと思っていたということです。もちろんタイプにもよりますが、子どもの頃は、休日もろくにないような猛練習をさせるよりも、練習が楽しみで仕方がないというくらいの余裕を持つのがちょうど良いのではないでしょうか。

スポーツの入り口は、「自分が楽しいからやる」ということで十分だと思います。楽しければ長く続けられますし、大人になってもスポーツに親しむ習慣が根付き、長い目で見ればスポーツの普及にもつながっていくでしょう。そのためにも、「自分は試合ではあまり勝てないけど、このスポーツをやっていると楽しい」という子どもたちを受け入れる場が、もっと必要だと思います。

「もっと褒めてあげれば良かった」という後悔

子どもたちが楽しんでスポーツを続けるためには、親の姿勢も重要です。子どものスポーツ大会では、我が子を応援するあまり、「何やってんだ！」「もっとやる気を出せ」などと声を荒らげている親の姿が目に入ります。公園にいけば、子どもが一生懸命バットの素振りをしているのに、怒鳴りまくっているお父さんの姿を見ます。試合で負けて帰ってきた子が笑っていると、「何へらへらしているんだよ！」と、怒りを爆発させて、周囲をいたたまれない気持ちにさせる親もいます。

私自身、息子がプロのサッカー選手を目指していましたから、そういう親の気持ちはよくわかるつもりです。頑張らせたい気持ちもあって、つい熱くなったこともたくさんありました。でも、そんなふうに親から怒鳴られ、プレッシャーをかけられてばかりいたら、子どもは親の想《おも》いとは裏腹に、「もうこんな辛いことはしたくない」と思ってしまうでしょう。

自分の子育てを振り返って思うのは、もっと褒めてあげれば良かったな、ということです。大人から見れば、子どもがやっていることはいかにも未熟に思えます。もっと言わないとダメだ、と厳しく接したくなりますが、子どもはいつでも一生懸命で、へらへら笑っているように見えても、負けて一番悔しいのは子どもなのです。どんなときも「良くやった」とねぎらってあげるべきだった、と今になって後悔しています。

親がこう育てようと思っても、子どもはその通りに育つわけではありません。まして、メダリストやチャンピオンは育てようと思って育つものではないのです。親は子どもを見守り、背中を押してあげるくらいで十分だと思います。一生懸命応援するのは悪いことではありませんが、時にはそのことがかえって子どもの負担になってしまいます。

以前、「サッカー推薦で高校に入ったけれども、自分の能力ではプロになるのは無理なのがわかったから、大学で楽しくサッカーをしながら、違うキャリアを考えていきたい」という相談を受けたことがあります。その子が、「今まであんなにお金や時間や愛情をかけて応援してくれた親の気持ちを考えると、言い出せない」と話すのを聞いて、なんともせつない気持ちになりました。

親は自分の子どもが一番かわいいし、子どもがやりたいと思うことは応援したい。まして才能があるんじゃないかと思えば、時間もお金も精一杯かけてサポートしてあげたい。子どもはそんな親の姿を見ていますから、「今さらやめるなんて、申し訳ない」と思ってしまうのでしょう。

こういうときは、スポーツ推薦という制度も足枷《あしかせ》になります。これはスポーツに限らないことですが、小さい頃から才能が認められて英才教育を受けてきた子でも、高校生ぐらいになって「自分はもうこれ以上、上にはいけない」と見極めがついてしまうことがあります。そういうことは、自分が一番よくわかるものです。本当にトップになれるのは一握りですから、現実問題として、トップになれない子たちはどこかで高い壁にぶつかることになります。自分では先が見えているのに「スポーツ推薦で入学したのだから、大学も強豪校にいけ」と希望とは違う進路を強く推奨され、「親に迷惑がかかるのではないか」と嫌と言えないケースもあるようです。でも、そうやって自分を押し殺しても、良い結果は生みません。

今まで我が子を信じて一生懸命応援してきた親は、「あきらめて、別の道にいきたい」と言われたら、最初はがっかりするかもしれません。「もうちょっと、頑張ってみたら」と引き留めることもあるでしょうが、子どもが泣いて嫌がっているのに、無理やりやらせようという親はいないはずです。結局、親は子どもの幸せを願うものなのです。

私から一つお伝えしたいのは、限界を感じて、一生懸命打ち込んできたスポーツから離れることは、必ずしも「挫折」ではないということです。過去は変えられないけれども、過去に価値があったかどうかを決めるのは未来の自分です。「あんなに時間やエネルギーを費やしたのに、全部無駄だった」と落ち込む時間があったら、次にやりたいことを見つけて、過去を肯定できる未来に向かって頑張っていく方が良いと思います。そのとき、好きなスポーツに一生懸命打ち込んだ経験が、きっと力を与えてくれることでしょう。

私の子どもはプロになるほどの才能はなく、サッカー選手にはなれませんでしたが、今もサッカーが大好きで、サッカーに関わる仕事をしています。かつての自分を反省しつつ、あんなに好きだったサッカーを子どもが今も好きでいることを、親として「本当に良かったな」と思っています。

フランスの親はなぜ子どもに柔道をさせるのか

海外では、日本ほど若年層の全国大会は盛んではなく、特に欧米ではジュニアレベルの全国大会はほとんどありません。どの国にも勝つことに熱くなる親や指導者が多いからこそ、あえてこの年代の全国大会を行わない、という話もあります。

大会がないからかどうかは不明ですが、私がフランスで見た子ども向け柔道クラブの光景は、勝利至上主義からはほど遠いものでした。

フランスには日本の部活動のようなシステムは存在しないため、子どもたちがスポーツをしたいときは民間のクラブに通います。国や自治体からのサポートがあるので、公共の施設を無料あるいは安価で使用することができる環境が整備されています。そうした民間クラブの中でも、柔道は非常に成功しているスポーツの一つで、親が子どもにやらせたいスポーツベスト3に入るほど人気があります。

フランスの柔道クラブの指導者は、国家資格を有していることが必須で、子どもたちを安心・安全に指導することが保証されています。また、日本と大きく違うのは、前述のように全国大会がないということに加え、フランスの親の期待が「試合で勝つ」ことではなく、柔道の教育的効果にあるという点です。柔道を習えば、先生の話をきちんと聞け、「ありがとう」「ごめんなさい」が言える子になれるという「しつけ」の部分が高く評価されています。民間のクラブという性質上、こうした親の要望に応えることがビジネスとしても成立している要因です。

親がそういう動機で預けているので、子どもたちも、友だちをつくることや楽しく柔道をするために柔道クラブに通います。また、指導者たちが重視するのは何より柔道を楽しませることで、子どもたちを本当によく褒めるのもその表れです。褒められた子どもたちが「柔道って、楽しい。明日も柔道がやりたい」と感じるのは、「楽しんでもらう」ことに重点を置く指導によるところも大きいでしょう。民間のクラブであるため、子どもたちが楽しいと感じること、やめずに続けてくれることも大事であり、ビジネス感覚が良い方向に機能しているとも言えます。日本でも、教員の過重労働解消のため、今後は学校の運動部活動が地域や民間へと移行していくことになりますが、その際には「試合で勝つ」こと以外の、子どもの多様な目的や要望にいかに応えていけるかがポイントとなると思います。

私が見たところでは、技術レベルでは、フランスより日本の小学生の方が断然上です。ただ、柔道が強い子も弱い子もみんなで柔道を楽しむという満足度では、フランスの平均値の方が高いのではないかと思います。フランスは今や柔道人口で世界第二位（第一位はブラジル）の柔道大国ですが、子どものときから身についている柔道を楽しむという姿勢は、柔道がこれだけフランスで愛されている理由の一つだと言えるでしょう。

今こそ思い出したい嘉納治五郎の言葉

フランスの親たちが柔道の教育的効果を高く評価するのはある意味、当然です。なぜなら、元々、柔道は自己研鑽《けんさん》に通じる高邁《こうまい》な理念を持っているからです。先ほど紹介した

「将来大いに伸びようと思うものは、目前の勝ち負けに重きをおいてはならぬ」以外にも、嘉納治五郎は、今の時代にも響く多くの言葉や理念を残しています。

嘉納先生が柔道を創始するにあたり、その前身である柔術から危険な技を省いたのは、「勝つためには何をやってもいい」とは考えてはいなかったからです。では、何のために柔道を学ぶかといえば、「自己の完成と世の補益」、つまり生涯を通じて修行し、人格を高め、柔道で体得した自分の力や経験を他者や社会のために最大限活用するためです。柔道の「道」は、こうした生き方を指すものであり、だからこそ柔道は人間教育のスポーツと言えるのです。

嘉納先生が柔道の修行方法は「形」と「乱取り」、「講義」と「問答」であるとしたことにも、深い意味がありました。

ただ技を磨き、体を鍛錬するだけなら、実際に体を動かして技の基礎や応用力を身につける「形」と「乱取り」の稽古で十分かもしれません。しかし、嘉納先生は「技能を養うためだけの稽古を繰り返しても、人間教育にはつながらない」と語っています。

嘉納先生が人間形成のために必要だと考えたのが、座学の「講義」と「問答」でした。

「講義」で柔道の考え方や理論を修め、「問答」という師とのやりとりを通じて柔道の知識や教養を深めていくという総合的な学びによって、単に強いだけではない、人間として尊敬され、社会に貢献するような人間を育てることができると、嘉納先生は考えていました。この「形」と「乱取り」、「講義」と「問答」という、文武両道の教授法は、柔道だけではなく、あらゆるスポーツや芸術、学業にもあてはまるものだと思います。

残念ながら、嘉納先生が亡くなった後、日本の柔道は「講義」と「問答」を省略し、勝ち負けを重視する傾向を強めていきました。特に一九六四年東京五輪で正式に競技として採用されて以降、「お家芸」の柔道で金メダルを獲ることへの期待は、ほとんど「使命」と呼べるほどの呪縛だったと思います。嘉納先生が柔道の国際化に尽力しつつも、五輪競技として採用されることには積極的ではなかったのは、おそらく、柔道がチャンピオンスポーツになったときに起こる弊害を見通していたからでしょう。柔道の国際化によって日本柔道から精神的なもの、大事なものが失われたと語る柔道家は多いですが、日本の柔道が嘉納先生の理念を正しく継承していないことこそが問題なのだと、私は考えています。

相手を倒して勝つということだけが目標になってしまえば、それは柔術に戻るということを意味します。今回の小学生全国大会廃止を機に、柔道界は今一度、嘉納先生の理念を肝に銘ずべきでしょう。

自己評価ができれば弱くても続けられる

スポーツの現場に携わってきて、「なかなか上達しない子も辛いだろうけど、実はうまい子も辛いだろうな」と思ってしまうことが多々あります。柔道でもサッカーでも、高校時代まではものすごく強くて上手な子が、「もうこんな苦しいことからは解放されたい」とばかりに、大学に入ると競技から離れてしまうことは珍しくありません。難関大学に合格したとたん、「もう勉強はいいや」とばかりに羽目を外す大学生と同じで、結局彼ら・彼女らはそのスポーツが好きだったわけでも、本当にやりたくてやっていたわけでもなかったということでしょう。せっかくそのスポーツが上手で、より深く楽しめる能力があるのにそうやってやめてしまうのは、本当に残念です。

私自身がなぜ柔道を続けてこられたかを考えてみると、やはり柔道そのものが好きだったからです。負けず嫌いの私は、もちろん試合で勝つことも嬉しかったのですが、今となってみれば、その喜びは勝つことそのものというより、指導者が褒めてくれたりみんなが喜んでくれたりして、自分を認めてくれたという他者からの評価が嬉しかったのだと思います。

むしろ、私にとっての柔道の醍醐味はもっと違うところにありました。

たとえば、自分より強い好敵手に恵まれて潜在的な能力が引き出されたと感じられたときや、乱取りで技や出方を読み合い、自分の成長を確認できたとき、私は心から「柔道は楽しい！」と感じていました。それは、相手に勝つか負けるかということを超えた、自分自身との闘いであり研鑽だったのだと思います。

実は、周りから見れば輝かしい成績を誇るトップアスリートであっても、たまたま自分に能力があって、勝つと周りが喜んでくれたから続けてきただけで、そのスポーツをやっていて必ずしも楽しいわけではなかったという人もいます。真の意味でスポーツを楽しむためには、やはり他者評価だけではなく、自己評価、つまり「こういうことができるようになるのが嬉しい」「前より成長できた」「違う世界が見えた」ということがカギになるのかもしれません。勝つということにこだわる柔道界においても、試合では勝てなくても、コツコツと柔道の奥深さを極めようと精進している柔道家が大勢います。柔道の本当の魅力や楽しさを知っているのは、実はチャンピオンより、そういう人たちなのかもしれません。

内村航平《こうへい》さんとメッシの共通点

こうした自己評価を極めたアスリートの一人が、五輪の体操個人総合で二大会連続金メダリストとなった内村航平さんです。世界選手権も含めて長年絶対王者であり続けた内村さんですが、若いときから美しさにこだわってきた彼の体操への向き合い方は、何よりも自分への挑戦に価値を置いていたのではないかと感じさせるものがありました。

引退前の内村さんは、それまでのオールラウンダー的な戦い方をやめ、鉄棒一つに絞って競技を続けました。年齢を重ねて怪我も負いましたが、個人総合で勝てなくなったからといって引退するのではなく、若いときのようには動かない体でも、鉄棒ならば何かできると見極め、その可能性を追求したいと考えての決断だったのかもしれません。

東京五輪で種目別鉄棒にエントリーしたものの落下し、予選落ちした内村さんは、その後行われた世界選手権でも挑戦を続けました。普通なら心が折れてしまいそうな状況にあっても、体操で何をやりたいのか、彼には確固たるものがあったのでしょう。もちろん、その過程でさまざまな紆余曲折を経験したのでしょうが、予選突破したときに観客席からの大声援を受け、「結果は本当にどうでもいいんだなと思った」「予選通過も最低限の目標だけど、お客さんの前でやれることがありがたい。（応援に）今自分ができる精一杯の演技で返したい」との言葉を残した内村さんには、勝ち負けを超えた「スポーツの価値」が見えていたのだと思います。その言葉通り、決勝では六位という順位ながら、高難度の大技を次々と決め、東京五輪で失敗した技も見事に成功させました。満場の拍手を受けて手を振る清々しい笑顔は、自分のできることをやり切った充実感にあふれていたと思います。

二〇二二年サッカーワールドカップ決勝で見たアルゼンチン代表リオネル・メッシ選手にも、それと同じ充実感を感じました。一〇代の頃から天才の名をほしいままにし、ヨーロッパのリーグでは何度も栄冠をつかみながらも、ワールドカップの優勝だけは届かなかったメッシ選手は、故国で罵声を浴びせられることもあったそうです。傷ついた彼は、「もう代表にはなりたくない」と考えたこともあったと言います。

そんなメッシ選手が三〇代半ばとなり、全盛期を過ぎて迎えた二〇二二年のワールドカップでは、チームメイトが一丸となって「メッシにトロフィーを」と支えました。そんな空気の中でメッシ選手は「これが最後のワールドカップ」という悲壮感を漂わせることもなく、いつも以上にのびのびとプレーしていたように思います。激戦を制してついにトロフィーを手にしたとき、メッシ選手が朗らかに笑っていたのがとても印象的でした。たぶん彼はワールドカップを存分に楽しんだのでしょう。「やり終えた」「自分のやりたいことができた」という満足感あふれる彼の笑顔は、トロフィー以上に、アスリートが手に入れたいと願うものなのかもしれません。

子どもが輝ける場所を見つける

日本でも子どもにスポーツをさせるとき、もっと「楽しいかどうか」ということを大事にしてほしいと思います。しかし、いまだに親も指導者も「スポーツイコール厳しさや根性を教え込むもの」という固定観念を持っている人が多いようです。昭和の時代のスポーツに求めたものが、人々の意識にそれだけ染み付いているのかもしれません。

我慢が大事と言いますが、本当に子どものためになる我慢なのかどうか、もっと考えてほしいと思うときもあります。私が疑問を持っているのは、「我慢」と言い含められて試合に出られない子が多すぎるのではないか、ということです。すでに一部のエリートが活躍すればいい時代ではなくなっているのに、少子化がこれだけ進んでいる日本で、ただでさえ数少ない子どもたちの能力を活かす方向に向かっていかないのは、まったくどうかしています。

野球やサッカーの強豪校ともなると、三〇〇人ぐらい部員がいるということは珍しくありません。その中で公式戦に出られるのは、せいぜい二〇人ぐらいです。柔道であればまだ練習自体が試合のようなところもありますが、野球やサッカーで試合に出られず、練習では基本練習やボール拾いばかり、試合では応援で声を出すだけで、そのスポーツを謳歌《おうか》していると言えるのでしょうか。他の学校ならレギュラーになれるような子が応援席で声援を送って三年間を過ごすのは、本当にもったいないと思います。

試合に出られない部員に対して、「そういう我慢を乗り越えることも大切だ。辛いから、つまらないからと逃げたら一生逃げる人生になるぞ」などと、よく言われます。しかし、そのような我慢をすることがスポーツで必要なのでしょうか。人間、ただそこにじっとしているだけで花が咲くということはないですし、自分が輝こうとしなければ輝くことなどできないのです。海外でプレーするサッカー選手が、自分が監督のつくるチーム構想に入っていないと気づけば、試合に出られるチャンスを求めて移籍するのは、そのためです。

学校に定員があるのは、教育環境（教員の数や教室など）を保証することが教育に必要だからです。本来は部活動もそのように考えるべきです。学校側は試合に出場できる人数を考えて部員を制限することも検討するべきですし、入部を許可したのであれば部員が出場できる試合をつくっていく努力をするべきです。海外の人と話をしていると、このような状況はとても奇異に映るようです。部活動を教育と位置付けるのであれば、試合に出られる環境をつくっていくのもスポーツ庁などの行政の役割なのです。

イングランドのラグビー協会は、「一二歳以下はメンバー全員を一試合の半分は出場させる」という規定をつくり、優勝チーム、準優勝チームにトロフィーを授与するのをやめ、参加者全員にメダルを贈呈しているそうですが、子どもたちは大きな達成感を味わっているとのことです。日本でもこうした取り組みがもっとあってもいいのではないかと思います。

年齢やスポーツを行う環境によっても違いはありますが、民間のスポーツチームであれば、今いる場所で自分のポジションがないというなら、別のチームに移ればいいし、自分の能力が選手としては足りないのであればデータ分析で力を発揮するなど、別の役割で自分を活かす場をつくっていくのも一つの方法です。社会はさまざまな役割を担っている人がいるから成立するように、チームもいろいろな役割を担った子どもたちによって成り立っているのです。大人も、「我慢が大事」といった旧来の価値観を子どもに植え付けるのではなく、マインドチェンジを促してあげることが大切です。

もう一つ、大人に求めたいのは、子どもたちが輝ける場所を求めていくことを邪魔しないでほしいということです。地域の少年スポーツの中には、チーム間で移籍すると、しばらく試合に出られないようにするルールを設けているところもあるそうです。スポーツに携わる人間がそうした閉鎖的な空気をつくっていることを、非常に残念に思います。

また、日本では、一つの競技に打ち込むことを良しとする傾向が強いですが、大人になっても幅広くスポーツを楽しむという観点からは、子ども時代は一つの競技ではなく、

「今日は柔道、明日はサッカー」というように、さまざまなスポーツを体験させても良いのではないかと思います。たとえば大谷翔平選手のすごさは、ただ野球観戦が趣味という人よりも一度でも野球をやったことがある人の方が、より感覚的に理解できるでしょう。それと同じで、どんなスポーツでも、上手下手にかかわらず自分で体験したことがあれば、大人になってスポーツを観るとき、「あんな難しいことができるなんて、さすがだな」「あの技のうまさは、ああいう体の使い方から生まれるんだな」などと、深いところで楽しめると思います。

スポ根の呪縛から自由になる

昭和のスポ根の鬼コーチを彷彿させるのが、ロシアの女子フィギュアスケートの指導者、エテリ・トゥトベリーゼ氏です。「鉄の女」との異名も持つトゥトベリーゼ氏の厳しい指導は有名で、何人ものチャンピオンを育ててきた実績の持ち主でもあります。

二〇二二年北京冬季五輪の女子フィギュアスケートに出場し、金メダルが確実視されていた一五歳のカミラ・ワリエワ選手も、彼女の教え子の一人でした。しかし、直前に明らかになったドーピング疑惑の影響もあってか思うような演技ができず、メダルには届きませんでした。トゥトベリーゼ氏は、失意の表情でリンクを引き上げてきたワリエワ選手に、「どうして、あきらめたのか」と叱責し、「あまりにも厳しすぎる」と、世界中から非難の声が寄せられました。けれども、私たちの周りには、トゥトベリーゼ氏と同じような振舞いをしている指導者や親が大勢いるのではないでしょうか。おそらくトゥトベリーゼ氏もそうだと思いますが、傍目《はため》には鬼のように見えても、本人たちは「厳しくすることが強くすること」という固い信念を持って、「もっと頑張れ」「まだできるはず」と叱咤《しった》しているのでしょう。

確かに、プロを目指すような子であれば、「どうしても勝ちたい」という気持ちが強いですから、多少過酷でも、すべては自分の目標に向かっていくための一つの過程と捉えられるかもしれません。けれども、そうではない大多数の子どもたちがスポーツをするとき、そこまでの厳しさが本当に必要でしょうか。

自分なりに一生懸命頑張っているのに「なぜできない」「頑張りが足りない」と責められ、他の子と比較されて「あいつはできるのに」などと言われ続けたら、嫌気が差すのは当然です。また、「求められていることができない自分はダメだ」と、劣等感も強化されてしまうでしょう。

「優勝しなければ意味がない」といわんばかりの周囲の態度も問題です。その典型が柔道で、「柔道は金メダル以外メダルではない」という考え方があり、銀メダルでも涙にくれて「申し訳ありません」と、選手が謝罪するシーンを見た人も多いでしょう。私自身も五回の世界選手権に出場し、優勝したのは一回で四回は銀メダルでした。もちろん、自分が一番悔しかったのですが、心のどこかに柔道では銀メダルでは喜んではいけないという気持ちが刷り込まれていたようにも感じます。

負けたことで発奮し、「なにくそ」と頑張れる子もいますが、そういう子どもばかりではありません。何より、自分の頑張りを評価されず「おまえはダメだ」と否定されてばかりいたら、のびのびとスポーツを楽しむことなどできないでしょう。

負けたことは、ただの結果に過ぎません。嘉納先生も、柔道の試合を「反省の場」と位置付けていますが、負けることもまた糧であり、さらに努力して、その成果を存分に発揮することが大きな成長につながります。「負けたおまえはダメだ」ではなく、「また次、頑張ろう」と励ましていくのが大人の役割だと、私は思います。

体罰は絶対に許されない

スポーツに厳しさを求める指導の大きな問題の一つは、体罰です。スポ根が流行った一昔前からいまだに、スポーツ界では「愛のムチ」と称する暴力的指導が後を絶ちません。二〇二〇年四月に、親などによる体罰の禁止を盛り込んだ改正児童虐待防止法と改正児童福祉法が施行されましたが、「体罰がダメと言われても、どこまでがダメなのか」「時と場合によっては、体罰も必要ではないのか」という困惑の声も聞こえます。

体罰を与える側は「鍛えてやっている」「殴らなければわからない」と言い、「愛情があるから殴るんだ」という意識を持っています。指導者自身も体罰を受けて育ち、殴られたおかげで強くなったと思っているので、いくら「体罰は良くない」と言われても、なかなか納得できないのでしょう。

しかし体罰は、子どもの人間としての尊厳を傷つける行為であり、けっして許されるものではありません。時代が変わったからダメなのではなく、元々やってはいけないことが見過ごされていたのです。体罰はどのようなレベルであっても絶対に許されません。子どもを本当に強くしたいのであればなおさら、絶対にやってはいけないことだと、大人はマインドを変えなければなりません。

人を育てるのに厳しさが必要だということは否定しませんが、それと暴力を容認するのとは、まったく別の話です。「話してもわからないから殴る」というのは、話が通じないから武力で制圧するという論理とどこが違うのでしょうか。殴らなければわからないと言いますが、結局、子どもはそれ以上殴られたくないから理解したふりをしているだけです。そうやって、力で絶対的服従を教え込むことで、言われたことはできるけれど、自分で考えることを放棄する子どもをつくり出してしまいます。指導者に殴ってもらうことで気合が入る、強くなれるというなら、それは依存であり、それで金メダルが獲れたとしても、自分の頭で考える自立した選手を育てたことにはならないでしょう。

強くするには体罰が必要だというのは、もはや、時代遅れの考え方で、世界のアスリート育成においては、強くなるためのメソッドに体罰はありません。たとえば、テニスの錦《にし》織圭《こりけい》選手が一三歳から在籍したアメリカ・ＩＭＧアカデミーは、世界中から才能ある選手の卵が集まってくるスポーツのエリート育成機関ですが、科学的データを活用し、客観的な分析に基づいたトレーニングに暴力的指導が入り込む余地はありません。

海外で活躍している日本人選手を見てもわかるように、彼らは失敗したら怒られるという恐怖に支配されているのではなく、自分を表現するために失敗を恐れずチャレンジします。世界で戦うためには、コーチからの指示を踏まえつつも自分自身が柔軟に対応できる判断力や思考力が必要であり、そういう選手でなければ成功することはできないのです。「忍耐強いことは美徳」という考え方を子どものうちから刷り込んでしまうと、社会に出てからもパワハラやブラックな働き方を受け入れる素地をつくることになります。暴力は絶対に許してはなりません。

指導者の真価とは

私も指導者になりたての頃は、「私が強くしてやる、チャンピオン経験者の私についてくれば大丈夫」と信じ、勝てない子には「なぜ言う通りにできないのか、この子には才能がない」と、もどかしく思っていました。

しかし、イギリスに一年間留学したとき、私は自分が間違っていたことに気づきました。当時、イギリスの女子柔道は非常に強く、さぞかし恵まれた環境で練習しているのだろうと予想していました。ところが、現実はまったく違っていたのです。世界チャンピオンが所属するクラブも、練習相手はほとんどいない、資金面のサポートもないという、非常にお粗末な状況でした。それなのに彼女たちが強いのは、やらされてやっているのではなく好きでやっているからという、ごくシンプルな理由で、それは私自身の現役時代の姿でもありました。選手の気持ちなどおかまいなしに「自分が自分が」と思っていた私は、そのことを見失っていたのです。それ以来、試合をやるのは指導者ではなく、あくまで選手本人であり、指導者の仕事はいかに選手をやる気にさせるかということだと、肝に銘じています。

では、選手にやる気を出させるには、どうすればいいのでしょうか。指導者がすべきことは「あれをやれ」「これをやれ」と押し付けるのではなく、選手の様子をよく観察し、「なぜ、あの場面であの技をかけたんだろう」「なぜ、あそこで守りに入ってしまったんだろう」などと、ポイントとなるような問いかけをし、選手自らが考えるように促すことです。おそらく嘉納先生の「問答」の意図の一つはここにあるのではないかと思います。スポーツに唯一の正解はありませんし、正解を指導者が示してあげることもできません。試合で実際に戦うのは選手であり、苦境のときでも「どうやったら現状を打開できるか」ということを選手自身が自問自答し、策を講じて乗り切っていくしかないのです。その思考力・判断力をつけてやるのが、指導者の役割です。

水泳や陸上競技で体罰が少ないと言われるのは、選手の頑張りが記録という形で見えやすく、選手が考えるための材料になっているからかもしれません。記録をもとにすれば、指導者は改善点を探しやすくなりますし、「根性が足りない」「練習に気持ちが入っていない」などと、あいまいな精神論で叱らなくてもすむでしょう。たとえ負けても自己ベストが出れば、「こういうトレーニングをして、前より良くなった」と言えるなど、選手との間で冷静で合理的なやりとりができると思います。

また、これは当たり前のことですが、指導者が心に留めておかなくてはいけないのは、一人ひとりの能力は違うということです。特に自分自身がその競技で結果を残していると、かつての私のように「なぜ言われた通りにできない」と思ってしまいがちですが、何も教えなくても自然にできる子もいれば、試行錯誤しながらゆっくり歩みを進めていく子もいます。スタートラインも目標もそれぞれ違っているのですから、そこからどのようなプロセスを経て、どんなチャレンジをしてゴールに向かっていくのか、指導者は一人ひとり、きめ細やかに目を配っていかなければなりません。

指導者は言葉を持て

昭和の時代は、上の人の言う通りに動ける人間が重宝され、そのような大人に成長させるための教育が行われてきました。しかし、気候変動をはじめ、簡単には解決できないさまざまな課題が山積する今の時代には、常識とされていることにも疑問を持ち、柔軟に自分の頭で考えられることが必須の資質になると言われています。

私は東京都教育委員会の委員も務めており、「自分で考えられる子を育てよう」という話は、教育関係者からもしばしば聞く機会があります。ただ、そう言っているわりには、いまだに子どもたちに考えさせないことを良しとする指導が続けられているように思えてなりません。これは、学校でもスポーツの現場でも同様です。

おそらく、先生や指導者からすれば、言われたことを素直に「はい」とやる子が「良い子」で、扱いやすいのでしょう。また、日本の伝統として、何かを学ぶときにはまず型（基本）にはめるという考え方があり、その過程で子どもが「なぜそういうことをする必要があるのか」と尋ねると、「理屈を言うな」「黙って覚えろ」と、はねつけられてしまうことは少なくありません。しかし、本来、型にはめた後に型を破らせるというプロセスがあり、どこかの時点でそれをきちんと説明し、実行していくことが指導者の役割だと思います。

たとえば、柔道で相手と組む前に一礼するということについて、「これは、『私はルールに則《のっと》ってやります。あなたに危害を加えません』という相手へのメッセージであり、道ですれ違う人に挨拶することと同じですよ」と説明すれば、習う側も納得して、心を込めて礼をするようになります。単に、「柔道では礼をするものだ」と言うだけでは、そこから学びを得ることはできません。

また、柔道では道場に入る前にも必ず礼をします。この礼の意味について、「道場は修行の場であり、いい加減な気持ちで入ってはいけない。今日も一生懸命頑張りますという気持ちを表すために、きちんと礼をしなさい」と、私は子どもの頃に通った道場で叩き込まれました。格闘技は、一つ間違えれば怪我をする危険もあるので、それを防ぐためにも、礼をし、気持ちを整えてから入るということは、理にかなっていると言えます。

けれども、そのようなことを言葉で説明する指導者は、徐々に減ってきているように感じています。私の道場の先生は、「問答」こそありませんでしたが、お坊さんの説教のように、柔道にとって社会にとって大事なことを簡潔に話してくれたことを思い出します。私もそうでしたが、その当時は、意味がわからなかったことが後になって意味を持ってくるのです。

子どもの「なぜ」にどう答えるか

子どもは何でも疑問を持って聞いてきますが、安易に答えが手に入ると自分で考えることをしなくなる可能性もありますから、聞かれたことのすべてに答える必要はないと思います。

しかしそれは、子どもの「なぜ」を否定することとは違います。子どもたちには、疑問に思うことは大事なのだということも教えることが大切です。なぜなら、少しオーバーに言うと「なぜ」がなくなったら世の中の進化は止まってしまうからです。大人になると、その方が生きやすいから、簡単だからと分別という名の下に変に聞き分けの良い人間になってしまいがちですが、「なぜ」と問い続けることを忘れてはならないと思います。日本の伝統が培ってきた型を教える文化と「なぜ」を大事にする教育がうまくバランスを取っていけることが、これからの日本の教育の理想だと思います。

「自分で考えることの大切さ」を言うのであれば、大人が言うことだからとそのままにせず、「なぜ」と問いかけるような「扱いにくさ」こそ伸ばしていくべきでしょう。大人は「なぜ」と聞いてくる子どもを面倒がらず、発せられた問いに真摯に向き合い答えられるよう、言葉を磨かなければなりません。

嘉納治五郎が唱えた「問答」は、まさにそのためのものです。「問答」は弟子からどんな問いが来ても受け止めるという、指導者の覚悟がないとできません。一歩間違えば、師の威厳を損なう可能性もありますが、嘉納先生が一方的に弟子に自分の考えを押し付けるのではなく、「疑問に思うことは聞きなさい」という姿勢を示したのは、弟子たちの挑戦を受ける謙虚さと気概を持ち合わせていたからだと思います。

一方、子どもからの問いに答えることは、単に子どもの言うことなら何でも許すということではありません。「なぜそう思うのか」「それはどういう意味か」と聞かれたとき、相手を説得できるよう、子ども自身も言葉を工夫し、考えることが求められます。そうした議論をしないまま、指導者が、「なぜ負けたんだ」と言い、子どもが「弱いからです」と答えるというやりとりばかりを繰り返しても、子どもの成長にはつながりません。

子どもに問いを投げかけさせ、議論をしていくということは、実は子どもにとっても、黙って言われた通りにするより大変なことかもしれません。しかし、それこそが、これからの子どもたちにとって、真に必要な習慣だと、私は考えています。

子どもに教えたい「スポーツの価値」とは

先が見えない今の時代、スポーツをすることで子どもたちが個性を伸ばし、未来へと羽ばたいていく力を育むことができるなら、こんな素晴らしいことはありません。

フランスの柔道の例でも述べたように、近代スポーツが生まれたヨーロッパでは、スポーツは優れた教育ツールとして活用されています。体を鍛えるということはもちろん、スポーツに親しむことで、戦術を考え、頭脳を鍛える訓練もでき、チームがまとまるためのコミュニケーション力を磨くなど、他者と助け合うことの意味を身をもって知ることもできます。また、他の人が頑張っている姿にインスパイアされて、自分もさらに力を発揮しようと努力するきっかけも生まれますし、技の上達など目に見える成長は自己肯定感や自信を持つことにつながります。ルールを守ってプレーする、フェアな精神を身につけられるということも、子どもたちがスポーツから学べる大切な要素です。

また、スポーツの教育的効果として非常に重視されているのは、自律と自立の精神を学ぶということです。たとえば、ゴルフはセルフジャッジで、誰も見ていなくても落ちたボールの位置を動かすことはしませんし、ラグビーやテニスの試合では、指導者はグラウンドやコートの外にいて、選手たち自身の判断で試合を進めていきます。そうしたスポーツでの経験を通し、子どもたちは「自分はこうしたいんだ」という意思をしっかりと持ち、自分一人で戦う強さを身につけていくのです。この部分は、軍隊的な規律を重視する日本の体育教育ではほとんど顧みられなかったところで、アップデートが急務だと思います。

その一方で、日本の伝統から学び直せることもたくさんあります。

嘉納先生は第二次世界大戦によって幻に終わった「一九四〇年東京五輪」で、西洋生まれのスポーツ文化に日本文化の精神性を合体させることを構想していたそうです。おそらく先生は五輪の開催を通じて、日本が西洋のスポーツに付け加えることのできる何かがあると考えていたのかもしれません。

特に、人としてのあり方の根幹を説く「精力善用」「自他共栄」は、柔道に留まらず広めたい、素晴らしい教えだと思います。「精力」は「心身の力」、「善用」は「最有効活用」であり、己の持つ力を理にかなったやり方で活用する、そして、「自他共栄」は自分も他の人も互いに信頼し、助け合うことで世の中は栄えるという教えです。

嘉納先生は力を持てば自らの欲や利益のために使いたくなるという、人間の心の動きをよくわかっていたのでしょう。柔道家は一般の人を相手に道場の外で用いれば人を傷つける技術を身につけていますが、技術をさまざまな能力、地位、権力などに置き換えれば、「精力善用」「自他共栄」は、力を持つ人間がその力をどのように使うかを教育する帝王学とも言えます。柔道を表面的に極めて強くなっていくと、「精力悪用・自己中心」になる可能性もあります。その一例が、ロシアのプーチン大統領かもしれません。プーチン大統領は柔道愛好家として知られていますが、国際法を無視し、力によって相手をねじ伏せようとウクライナに侵攻した彼の行いは、けっして柔道家と呼ぶにふさわしいものではありません。

身につけた力、地位や権力は「善」のために用いなければなりません。そして、自分だけが良ければいいのではなく、周りの人も栄える（幸せになる）ように考えて行動しなければなりません。嘉納先生は柔道の創始者であると同時に大日本体育協会（現在の日本スポーツ協会）初代会長、国際オリンピック委員を務め、柔道のみならずスポーツ全般の普及発展、オリンピックムーブメント活動に尽力しました。嘉納先生は、「参加することに意義がある」「努力すること、よく戦うこと」が大事だと語った近代五輪の祖であるクーベルタン男爵に自分と同じ若者への教育の思想があると確信し、スポーツや五輪を支持したと思います。スポーツをする若者がそのことを理解し、成長した先に世界平和が実現するという理念があったのでしょう。

第二章　スポーツから考えるジェンダー平等

五輪のジェンダー平等

社会全体が変わるために、スポーツからメッセージを発信できることの一つが、ジェンダーの問題だと思います。それには、もっとスポーツ界でのジェンダー平等が前に進んでいかなければなりません。

スポーツが社会を映す鏡のようなものだとすれば、スポーツにおけるジェンダー平等も、やはり社会状況と深く結びついています。二〇一五年に国連持続可能な開発サミットで採択されたアジェンダでは、明確にスポーツを女性のエンパワーメントの重要なカギとしています。

今では当たり前になっている、五輪で女子選手が競い合うことも、やはり時代の変化とともに少しずつ実現されてきたものです。一八九六年の第一回五輪（アテネ）では、参加選手は男性だけに限られ、女性は出場できませんでした。それは、クーベルタンの「女性はスポーツで汗を流すのではなく、勝った人に冠を捧《ささ》げるのが仕事である」という言葉に見られるような、女性がスポーツをすること自体が異端視される当時の社会が色濃く反映されたからだと言えるでしょう。四年後の一九〇〇年パリ五輪にはテニスとゴルフの二種目に一二人の女子選手が出場したものの、女子種目数が大幅に増えるのは、国連で女性差別撤廃条約採択に向けた機運が高まるなど、女性の地位向上が大きな時代の流れとなる一九七〇年代以降のことです。

競技によっては、「女性にこんなハードなスポーツは絶対無理だ」とみなされ、女子種目の設置がなかなか進まなかったものもあります。たとえば、女子マラソンが正式種目になったのは一九八四年ロサンゼルス五輪、サッカーは一九九六年アトランタ五輪、重量挙げは二〇〇〇年シドニー五輪、レスリングは二〇〇四年アテネ五輪、ボクシングは二〇一二年ロンドン五輪と、日本の女子選手が大活躍しているこれらの種目が五輪に採用されたのは、ここ数十年のことに過ぎません。

女子柔道が五輪の正式種目になったのも、一九九二年バルセロナ五輪です。その前の一九八八年のソウル五輪ではデモンストレーション競技として実施され、日本からも私自身を含めた女子チームが初めて五輪に参加することになりました。「全員が金メダル」という目標には届きませんでしたが、金銀各一、銅三と出場した日本女子選手は皆五輪メダリストとなり、全員でメダルを胸にかけて成田空港に降り立った誇らしさは忘れられません。

二〇一二年ロンドン五輪から、やっと全競技に女子選手が参加できるようになりました。世界には、いまだに女性というだけでスポーツができなかったり、教育を受けられない国もある中で、このロンドン五輪に参加した二〇四の国と地域のすべてのチームに女子選手が参加していたことは、非常に画期的だったと思います。当時のＩＯＣが男女平等の実現に強いリーダーシップを発揮したことは、評価すべきでしょう。

偏見やジェンダーバイアスとの闘い

女性のスポーツの歴史は、「女には無理」「女性はこうあるべき」という偏見を乗り越え、女性がやりたいことをやっていく闘いの歴史でもありました。

女子柔道を例に取れば、六歳だった私がテレビドラマ『姿三四郎』に憧れて柔道を始めた頃は、「女だてらに柔道」と言われる時代でした。近所の柔道場の門を叩いても、「女の子はすぐにやめてしまうから」「女子の指導は無理だ」と断られ、「鉄棒でも缶蹴りでも男の子に負けないのに、なぜ柔道をやってはいけないのか」と納得できなかった私が何度もお願いし、ようやく「女の子であっても男の子と同様に扱う。それでも良いのであれば」と、入門を許されました。周りは男子ばかりで、多くの柔道場には女子専用のトイレも更衣室もありませんでしたが、それでも私は柔道がしたかったのです。

女子の試合が禁止されていた当時、道場での予選を勝ち抜けば、道場を代表して男の子に混じって試合に出場できた私は恵まれていたと思います。小学生のときは女子の方が成長が早く、体の大きさも男子とそれほど変わらなかったですし、実際のところ、私に負けるのが嫌で道場をやめていく男の子もいたくらい、私は強かったのです。相手が男子でも、負ける気がしませんでした。

そんな私が中学生になり、それまで勝てていた男子に勝てなくなったタイミングで女子の試合が解禁され、女性も公に試合に出られるようになりました。ただ、学校の柔道部で女子を受け入れてくれるところはほとんどなく、たとえ受け入れてくれたとしても、マネージャーやマスコット的扱いをされ、女子を指導するコーチや監督は男子の指導者より低く見られる風潮さえありました。私も高校に進学したときは、学校の柔道部に女子を指導できる人がいなかったため、子どもの頃から通い続けた道場で稽古を続けました。それだけに、筑波大学に進み、当時の中村良三《りょうぞう》監督から「これから女子柔道は必ず伸びていく。競技人口も増えるに違いない。山口は先駆者として世界チャンピオンになり、道を拓《ひら》き、指導者として後進に道を示していくべきだ。筑波大学はそのための手助けを全力でしていくつもりだ」と言われたことは、私の胸に深く刻み込まれました。

今となっては想像がつかないかもしれませんが、その頃の日本の女子柔道は、けっして強くはありませんでした。それは選手たちの努力や意欲が足りなかったからではなく、周囲の理解を得られなかったり環境に恵まれなかったことに大きな原因があります。当時は、世界一強かった日本の男子柔道と常に比較され、「女子は男子のおまけみたいなものだから、脇でやっていればいい」「どうせ弱いんだから期待していない」と言われ続け、男子と同じように世界大会での勝利を目指しているのに、強化費も十分には出ず、海外遠征にいくこともままなりませんでした。「女子を強くしても、引退したら結婚や出産で柔道から離れてしまう。投資しても柔道界に還元されない」という柔道界の空気は、その頃、多くのスポーツに共通するものだったと言えるでしょう。

振り返ると、そんな環境の中でも私が柔道に打ち込んできたのは、とにかく柔道が好きだったことに加えて、女性の柔道を認めてほしいという強い願いを持っていたからだと思います。メダルを獲ることは個人の目標であると同時に、自分の後に続く後輩たちのためでもあり、悔しい思いを山ほどしながら、「いつか見ていろ」と、ひたすら稽古に励みました。

二五歳で引退したときには、果たすべき先導者としての役目をひとまず終えたという思いがありました。その後、多くの後輩たちが私の後に続いてきてくれたことは本当に嬉しいですし、今や実力でも選手層の厚さでも、日本の女子選手は世界でも群を抜いています。もう「女子柔道は男子のおまけ」と言う人などいないでしょう。

スポーツで「女性らしさ」が重要視されていた時代

女性を男性より低く見る風潮が長く続いてきた柔道ですが、女性がスポーツをする習慣がなかった時代から女性に門戸を開いていたということは、あまり知られていないかもしれません。一八八二年に講道館柔道を創始した嘉納治五郎は、その約一〇年後に女性の入門を許し、一九二六年には講道館女子部も開設しています。体育の重要性を熟知していた嘉納先生は、柔道が女性の体育の一つの方法となり得ると考えていたのでしょう。また、嘉納先生は「体力的に優れた男性による力技の柔道よりも、体力のない女性の柔軟さの中にこそ真の柔道が受け継がれる」と語っていたとも言われています。

足を見せることすらはばかられた当時の女性が、いきなり格闘技としての柔道を行うのはハードルが高かったと思われます。そこで、体力のない女性の入門者に対しては、まずは食事やトレーニングで基礎体力を養わせてから実技を教えるというステップを踏み、女性は試合を控えることとされました。これは怪我への恐れとともに、見せ物的に受け止められてしまうことを避けるなど、時代背景を考慮すれば女性を守る意識の表れだったと言えるでしょう。しかし、嘉納先生の没後は、「女性に試合をさせるな」ということだけが取り出されて伝わってしまい、長い間女性の試合が許されなかったのは前述の通りです。また、段位を取得した女性には、白線が入った黒帯が与えられていました。これは、当時、試合のなかった女性の段位と男性の段位を区別するものだったのでしょう。しかし、女性の試合が始まってからも白線入りの黒帯がなくならなかったことから、これは差別ではないかと国際柔道連盟が白線入りの黒帯を禁止とする方針を決めました。ちなみに日本の女性の白線帯使用は、二〇一七年まで続きました。区別なのか差別なのかは当時から意見の分かれるところですが、今では試合に出場することのない女性の有段者でも、白線の入っていない男性と同じ黒帯を選択しているところに答えがあるように思います。

草創期の女子柔道選手の中には、講道館が女性の昇段規定を定める前に男性と同じ試験に合格し、白線のない黒帯を使い続けた人もいます。「女性の段位には女性らしく花の名前をつけよう」という案に、「柔道の修行において男女の区別などがあってはならない」と、きっぱり反対したのも女性柔道家でした。女性の試合が解禁されて以降とは比べ物にならないほど「女だてらに」という色眼鏡で見られた時代であっても、柔道修行に邁進し、道を切り拓いてきた女性たちが確かに存在していたのです。

一方、「形」を中心に、きれいな動きの演武を学ぶ女子柔道には、良家の子女のお稽古ごとという側面がありました。「女性らしい柔道をしなさい」「技をかけられたら、頑張らずにきれいな受け身を取りなさい」という指導が一般的でしたが、きれいな受け身を取るということは、相手に技を決められ、一本で負けるということです。これでは、試合で勝つマインドは育ちません。

一九七八年に日本で初めて正式な女子柔道の競技会である全日本女子柔道選手権大会が開かれたときも、勝負を決める場であるにもかかわらず、上層部の期待はあくまで上品で楚々《そそ》とした試合をするということにありました。さらに、海外の試合では男女同様のルールが採用されていたのに、国内では危険度の高い技を除くなど、女子にだけ適用されるルールが設けられたことは、日本の女子選手が世界で戦うときの大きなハンディになったと言えるでしょう。

試合慣れしていない日本の女子選手が、一九八〇年にアメリカ・ニューヨークで開催された第一回世界女子柔道選手権大会に出場したとき、勝利に執念を燃やすヨーロッパ勢に戸惑い、結果を残せなかったのは無理からぬことでした。この大会に派遣された六名のうち、私が唯一のメダリストとなった（五二キログラム以下級で銀メダル）のは、若さならではの怖いもの知らずと、子どもの頃から男子相手に多くの試合をこなしていたことがアドバンテージになったからだと思います。

先達たちの姿から学ぶこと

二七か国から一四九名が集まったこの世界大会の実現に奔走したのは、アメリカの柔道家、ラスティ・カノコギでした。女子柔道が冷遇されていたのは日本だけでなく、世界の女子柔道選手たちもまた、女性専用の更衣室がない、練習相手が見つからない、ただ練習をしたいだけなのに「女性が来ると風紀が乱れる」と断られるなど、幾多の苦難にも負けず、柔道を続けてきました。カノコギ自身、怪我をした男子選手の代わりに試合に出場し、チームの優勝に貢献する勝利を得たにもかかわらず、女性ということでメダルの返上を迫られる経験をし、「二度とこんな思いをしたくないし、これから柔道を始める女性たちにも同じ思いはさせたくない」と、女性の大会をつくろうと決意したのです。カノコギは、母国の柔道連盟の支援も得られず、自分の家を抵当に入れて資金を調達するなど何度も壁にぶつかりながら、ついに女子柔道の世界大会を実現させました。彼女がいたからこそ、女子柔道の五輪種目への道も開かれていったのです。

柔道だけではなく、女性が五輪に出られるようになるということは、「女性だって競い合ってみたい、挑戦してみたい、五輪に出たい」という、当然の願いが認められることを意味しました。その思いに男女の差はありません。その過程では、女子柔道におけるカノコギのように、あきらめずに闘い続けた多くの女子選手や関係者たちの存在があったと言えるでしょう。

二〇一八年平昌《ピョンチャン》冬季五輪の女子スキージャンプでは、そんな女子スポーツの歴史を感じさせるシーンがありました。高梨沙羅選手など日本の女子選手が大活躍しているスキージャンプが女子種目となったのは、二〇一四年ソチ冬季五輪からと、本当に最近のことです。ソチ、平昌、北京の三大会連続出場した伊藤有希《ゆうき》選手もパイオニアの一人ですが、「五輪に出られなくても、ずっと頑張ってきた先輩たちがいたから、今の私がある。もっといいジャンプを飛んで、若い選手の力になりたい」と語りました。平昌冬季五輪で伊藤選手は力及ばず、メダルを逃しましたが、銅メダルを獲得したライバルの高梨選手を抱き締め、称えました。そこには、これは高梨選手個人のメダルというだけではなく、先輩たちから引き継いできてやっと獲得できたメダルだという、万感の想いがあったのではないかと思います。

スポーツを通して自立する

五輪という大舞台に立つことを目指し、闘い続けた多くの先達たちの姿は、何かを動かすには自分自身が強い意志で行動し、最後までやり抜かねばならないのだということを教えてくれます。今の女性アスリートたちにこういう話をすると、「今は、男女差は特に感じませんので」などと受け流されてしまうこともあります。しかし、女性を取り巻くスポーツ環境は、まだ十分に整っているとは言えません。当事者である女性がもっと声を上げていくことが、やはり必要です。「女性もスポーツができるようになったから、もういいじゃないか」ではなく、困難を乗り越えて道を拓いてくれた先人たちの想いを受け継ぎ、その道をもっと広げ、確かなものにしていく使命が現在の女性アスリートにも課せられていると私は思います。これは、ただスポーツを一生懸命やって強くなればいいということとは、また別の大切なミッションです。

日本では、女性アスリートの活躍と社会での女性の活躍がまだ結びついていないのが残念です。その原因は、スポーツで得られた力がスポーツ以外で発揮できていないからかもしれません。女性が何か意見を言うだけで「生意気」と捉えられる風潮も残っているせいか、競技場でははつらつとプレーしていても、一歩競技場の外に出ると言いたいことも言えず、おとなしくなってしまう女性アスリートは少なくありません。

まだまだ男性主体のスポーツ界では、ただ待っているだけでは、誰も何もしてくれません。おかしいと思うことや、やりたいことができない環境を変えたいなら、女性が自分で声を上げていかなければならないのです。

二〇二二年には、アメリカサッカー協会が世界で初めて女子サッカー代表の報酬や報奨金を男子と同額にすると決めましたが、これも、アメリカの女子サッカー選手たちが「自分たちはワールドカップで優勝したのに、実績に劣る男子の方が高額の報酬や報奨金を得ているのはおかしい」と連邦裁判所に訴え、メディアも使って広く世間にアピールしたことがきっかけとなりました。このように、アスリートには強い発信力があり、時には社会を動かす力があること、その影響力をどう使うべきかということを、女性アスリートは自覚してほしいと思います。今の環境が女子スポーツの育成や強化のためにベストであるのか、次の世代の女性たちがスポーツを楽しめる環境が本当に確立されているのか。力を持った人間は、その力を弱い人間のために、恵まれない環境を改善するために発揮せねばなりません。さまざまなスポーツ界の問題に対しても、誰かの後ろに隠れるのではなく、きちんと発言していく。一部の選手だけでなく、すべての女性アスリートたちがスポーツを通してそうした自立した人間になっていくことを、私は期待しています。

女子柔道選手が訴えたかったこと

女性アスリートの自立を世の中に示した一例として、二〇一三年に一五名の女子柔道選手が、日本代表監督やコーチから暴力やパワハラを受けていることを告発した出来事を挙げたいと思います。顔面への平手打ちなどの暴力に加えて、「おまえなんか柔道やってなかったら、ただのブタだ」などの暴言を吐く……これらの暴力の標的とされたのは、声を上げるのが苦手な選手でした。他の選手たちは、目の前でまるで見せしめのように仲間が暴言や暴力を振るわれる光景を目にしながらも、「やめてください」と言うこともできず、びくびくして監督の顔色をうかがうことが当たり前になっていたといいます。

私がそのことを耳にし、選手たちにも直接事実を確認したとき、強い怒りが込み上げました。おそらく、暴力を振るった側には「金メダルを獲らせなければ」という相当の重圧があり、それが暴力という手段につながったことは想像できます。しかし、相手はナショナルフラッグを背負う代表選手、殴られなければ努力しない選手など、一人もいません。踏みにじられたのは、選手たちの尊厳だけではなく、多くの先輩たちが築き上げてきた女子柔道の歴史、そして私たち女子選手の誇りでした。

「こんなことは絶対に許せない」と思った私は、指導陣の交代も含め、こういうことが二度と起こらないように対処してほしいと、全日本柔道連盟（全柔連）の幹部に伝えました。ところが、結局、処分は厳重注意に留まり、「情熱、指導力があるから」という理由で、代表監督は続行ということになりました。そもそも、全柔連という組織自体に「強くなるためにはそれぐらい当たり前、暴力の何が悪いのか」という感覚があったのでしょう。その後も監督から「結果が出たのは、俺が厳しく指導したからだ」などと暴力を肯定するような発言が出るなど、問題は何ら解決しないまま、黙殺されようとしていました。

「自分がこれ以上何を言っても事態は動かないし、仮に動いたとしても、それに何の意味があるのだろうか。やはり、選手たち自身が声を上げていかなければ」と思った私は、相談してくれた選手たちに「申し訳ないけれど、私ができるのはここまで。ここから先は、自分たちでどうするか考えて」と、話しました。

世間では私が彼女たちの告発をサポートしたと捉えられていますが、このとき以降、私は直接的には関わっていません。選手たちは、「このままでいたくない」という思いと「このことを公にしていいのか」という迷いとの間で、本当に苦しんだと思います。たとえどんな指導を受けたとしても、やはり選手にとって監督は親のようなものなのです。そういう存在である監督を名指しで非難することへの葛藤、ことを荒立てたことで、これまでお世話になった方々に迷惑をかけ、柔道界にいられなくなるかもしれないという不安、そして、柔道のイメージを大きく傷つけることになるのではないかという恐れもあったでしょう。それでも、「納得できないことがあるなら、声を上げて変えていかなければならない」と、誰でもない、選手たち自身が勇気を持ってJOCに告発することを決断したのです。

一五人の女子柔道選手たちの訴えはJOCでも十分な対応がされず、結局、事態が大きく動いたのは、一連の出来事をメディアが報道するようになってからのことでした。その後、監督は謝罪、辞任し、第三者委員会の設置など、さまざまな改革が進められることとなりました。「強くさせるためには、暴力ぐらい当然」という悪習がまかり通ってきたスポーツ界で、「それは違う」と声を上げたのが女性だったことには大きな意味があると、私は思います。何度なかったことにされそうになっても、交渉を続けた彼女たちの粘り強さが、これまで見て見ぬふりをされてきた暴力やハラスメントの問題をスポーツ界全体で変えていく動きへとつながっていったのです。

スポーツと女性の自立

「後は自分たちでやりなさい」と彼女たちに決断を委ねたとき、私は、暴力を振るった指導者、それを容認し選手の訴えを聞こうとしない全柔連だけではなく、日本代表という立場にありながら、理不尽に殴られ、罵倒されても黙って耐えている選手たちにも、腹を立てていました。彼女たちに「私は強い者に立ち向かう気持ちを持てるように、自立した人間になるために柔道をやってきた。あなたたちは何のために柔道をやっているの」と問いかけたのは、自分たち自身で道を切り拓く強さが、彼女たちに欠けていると感じたからです。

柔道から学んでほしいのは試合で勝つ技術だけではなく、自らの思いや考えをひるまずに相手に伝える力、強い相手であっても堂々と立ち向かえる気概だと、私はずっと考えてきました。柔道だけではなく、スポーツをやっているときには、必ず苦しい場面にぶつかりますが、「やればできる」と自分で自分を鼓舞しながら乗り越え上達していく精神が選手を自立させ、ひいては人生を生きていく上での自立につながっていくのです。また、スポーツでは、誰も手出しができないところで自分一人で戦わなければなりませんが、そうした経験を積むことも、自立して生きていく強さを確立するためには大切です。それはもちろん男性にも必要なことですが、特にまだ活躍するための環境が整っていない女性にこそ身につけてほしい力です。二一世紀になってもう二〇年以上が経《た》ちますが、相も変わらぬ男性中心の社会で女性が自立していくことは、けっして容易ではありません。だからこそ、女性にスポーツをしてほしいと私は思います。

かつて、イギリスチームのある女性コーチが次のような話をしてくれたことがあります。「私がなぜ女子選手たちに柔道を教えているかというと、五輪で金メダルを獲ってもらいたいからじゃない。もちろん、そうなってくれれば嬉しいけれど（笑）。柔道をすることで自分に自信をつけることこそが大事。イギリスでも、女性は男性に比べて自信が持てない人が多い。柔道をすることで自信を持ち、挑戦できる人生を送ってほしい」

これは、日本の女性にもそのままあてはまる言葉だと思います。

一五人の女子柔道選手たちは、きっと、スポーツが自分たちに与えてくれる力に気づいたのだと思います。悩み苦しみながらも、自分たちを取り巻くスポーツ環境そのものを変えようとした彼女たちの行動は、まさに真の自立へと向かう大きな一歩になったはずです。

指導者の資質に男女差はない

世界的に多様性が重要と言われる中、現在、日本は「女性の活躍」を掲げ、政府も企業も一体となって取り組んでいます。しかし、なかなか一足飛びにはいかないのが現実です。これは女性に能力がないということではなく、まだまだ女性の活躍を阻む環境がはびこっているということでしょう。

スポーツ界でも、女性アスリートたちが引退後、指導者や組織の役員としてキャリアを築くチャンスは依然として限られたままです。けっして人材不足だからではありません。

代表監督選考には選手時代の実績や経験も重視されますが、その点でも男子と遜色ない、あるいはそれ以上に活躍し、現役を退いた女性たちが、男性たちと同じように研修などで指導者になる経験を重ねています。「人材がいない」ということは、もう理由にはできないはずで、後は女性を選ぶことを決断するだけです。

前例のない決断を下すことに漠然とした不安があるのはわかりますが、やらせてみなければダメかどうかもわかりません。男性であれば「若さに期待する」と抜擢《ばってき》されるのに、同じような年齢や現役時代のキャリアを持つ女性となると「実績・経験ともに足りない」と言われてしまうのは、ダブルスタンダード以外の何物でもないでしょう。

そもそも指導者に必要な指導力や情熱という資質は、男性であろうと女性であろうと変わらないはずです。女性が監督を務めるメリットは何なのかとよく聞かれますが、男性と比較して、それと異なる何か他の能力がないと女性は監督になってはいけないという考え方自体がおかしいのではないでしょうか。学校では女性の教員が男子生徒を教えていますし、海外では女性コーチが男性の柔道選手を教えているケースもあります。女性の方がコミュニケーションを取りやすいとも言われますが、それも男女差ではなく個人差の範疇《はんちゅう》でしょう。指導者はフェアに選ぶべきであり、女性が選ばれなかったときには、何が足りなかったのかという理由を明確に示してほしいと思います。それは、後に続く女性アスリートたちに、「指導者になるためには、どんな能力やプロセスが必要なのか」という道筋を示すことにもつながります。

特に代表監督は、どのスポーツでも、いわば看板とも言うべきポストです。その地位に女性が就くことは社会への重要なメッセージであり、現役の選手たちにも「私もいつか代表監督になれるかもしれない」という夢を与えます。男子代表の監督には必ず男性が選ばれる現状を考えれば、女子代表監督は余程の理由がない限り女性が務めるべきだと、私は思います。

しかし、女性が代表監督になる道は、いまだに「ガラスの天井」に跳ね返されていると感じます。二〇一六年にはサッカー、卓球、バレーボールで日本女子代表監督に女性が相次いで就任し、ようやく状況が動いてきたと思ったのもつかのま、すべて男性監督に交代ということになりました。卓球の馬場美香監督を除き、東京五輪で思うような結果を出せなかったというのが、監督交代の理由です。しかしそれはそれとして、新監督に男性を就任させたことは、「やっぱり女ではダメだ」というイメージを世間に与えてしまったのではないでしょうか。

女性の役員を増やす意味

女性の登用が進まないのは、おそらく日本の社会全体に「男性の方が優秀だ」という意識が潜在的に存在しているということなのでしょう。二〇一九年にスポーツ庁が定めた競技団体の運営指針「ガバナンスコード」は、女性理事四〇パーセント以上を目標にしていますが、「東京新聞」の調査によると、二〇二二年二月時点でＪＯＣに加盟する競技団体の女性理事の平均割合は二二パーセントと、大幅に目標を下回っています。

実際、私がＪＯＣの理事だったとき、加盟団体の女性役員を増やそうとはたらきかけても、総論は賛成でも各論となると「人がいない」「言っても断られる」と言い訳されることが少なくありませんでした。しかし、それではいつまで経っても女性役員は増えません。「女性役員がいない組織は公表しますよ」と、半ば脅しのようなはたらきかけをしなければならず、役員という限られたポストを女性が得ることの難しさを痛感しました。

一方、単なる数合わせや「お飾り」の女性役員では意味がありません。「役員会に女性を入れたけれど声を聞いたことがない、何も発言しない」と言われることもよくありました。しかし、それは「わきまえていろ」という無言の圧力の結果かもしれません。森喜朗氏の東京五輪組織委員会会長辞任のきっかけになった「女性がたくさん入っている理事会の会議は時間がかかる」という発言は、結局、異なる意見を取り上げて議論する雰囲気が組織の中にない、ということでしょう。その意味では、「女性の声」だけではなく「男性の声」もなかなか聞こえてきません。

何かにつけてもの言う私は、「しょうがない、いつものことだから、まあ言わせておけ」と思われているようです。会議が終わった後、「いや、俺もそう思ってたんだよ」と声をかけられることも多いのですが、「だったら、どうして一緒に言ってくれなかったんですか」と言うと、「いや、いろいろあるし」「後ろから応援しているから」という返事です。後ろから応援されても何の役にも立ちませんし、せめて拍手ぐらいはしてほしいと思いますが、たぶん男性が言えば排除されてしまうような意見でも、私が言えば許されるということなのでしょう。

これは、ある意味、マイノリティである女性の特権で、私はこれを「ピラニア」にたとえています。水槽の中にピラニアを一匹入れると、「何か違う生き物が入ってきたぞ」と緊張感が生まれて、元からいた魚たちが俄然《がぜん》、活性化するのです。それと同じで、男性だけでは変えられなかったことを、女性が変えられるかもしれません。

マジョリティ、マイノリティというのは単なる数ではなく、社会の中で力を持っているかどうか、ということです。長年、マジョリティの地位にいた男性たちの前にあるのが、立てば開く自動ドアだとしたら、女性はそのドアを必死でこじ開けたらまた別のドアが立ち塞がり、それが延々と続く環境に置かれています。男性は「自分だって努力してきた」と言いますが、自動ドアしか知らなければ、女性が乗り越えなければならない障壁に気づくことすらできないでしょう。

女性役員が、行き詰まっている社会や組織に違う風を吹き込むことができるとしたら、それはマジョリティである男性が不思議に感じないような問題を指摘できるからです。それは女性だけでなく、男性にとっても生きやすい環境を生むことにつながっていくことになるでしょう。

森氏の退任後、東京五輪組織委員会会長には橋本聖子氏が就任し、一二人の女性理事が新たに加わったことで、組織委員会の女性理事の割合は全体の四二パーセントとなりました。これは、森発言以降、急速にジェンダー平等ということへの意識が高まったことの表れだと思います。しかし、ここで安心していたら、また女性登用の機運はしぼみかねません。世の中の潮目が変わり始めた今が、まさに勝負どころです。逆風もあるでしょうし、なかなかオセロのように一気に黒を白にひっくり返すことは難しいかもしれませんが、そこを耐えつつ、あきらめずに前進していかなければならないと思っています。

「数」から「質」へ

アスリートの「数」という点では、スポーツ界のジェンダー平等は、かなり達成できたと言えるでしょう。二〇二一年に行われた東京五輪では、参加選手の約四九パーセントが女性と、五輪史上初めて参加選手の男女比がほぼ半々になりました。これはIOCが、選手数や種目数におけるジェンダー平等に取り組んできたことの、一つの成果だと思います。

といっても、こうした「男女同数」がスポーツにおける真の平等なのかという点では、疑問を感じるところもあります。なぜなら、男性主体で行われてきた既存の競技に「女性も入れてやる」という発想は、やはり男性目線から来るもので、それらが本当に女性たちが参加したい競技なのかどうかは、また別の話だからです。女性の競技人口が多いスポーツという観点では、たとえばチアリーディングなど、これまで男性があまりやってこなかったものが五輪種目になる方が、本当の意味での平等に近づけるのではないかと私は思います。これは平等というより、公平と言った方がわかりやすいかもしれません。

また、体格など男女には少なからず「違い」があるのは事実であり、単に男性に適用されている枠組みに女性を入れれば良いということではありません。実際、バレーボールのネットの高さは男女で違っていますが、こうした取り組みを他のスポーツにももっと広げても良いと思います。たとえば、サッカーのグラウンドの大きさは男女で同じですが、一般的に男性よりも体が小さく、瞬発力もない女性がサッカーをするならば、男性より小さいグラウンドでプレーした方がもっとスピーディーで面白い試合ができるのではないでしょうか。

五輪やSDGsの理念が示しているように、違いがあるということは、マイナスではなくプラスなのです。互いの違いを把握し、そこに価値を見出して、リスペクトする。これが、多様性を認め合うということです。女子スポーツはそろそろ「数合わせの平等」の先にある公平性に配慮した「質の平等」まで考える時期に来ていると思います。本章では、まだ女性が活躍するための土壌が育っていないために、男女平等の観点からの議論となりましたが、これからは男女という括《くく》りではなく、LGBTQなど多様な性も含めた観点からの議論も必要になっていくでしょう。

私が柔道を始めたときと違い、今はどんなスポーツに女性が挑戦しても、「女のくせに」「女だてらに」と言われることはほとんどありません。スポーツを通して「女性であっても、やりたいことに挑戦できる社会をつくっていきましょう」というメッセージは、すべての人にとっての機会の平等とは何かということを考えさせてくれます。「女だからあきらめる」「障害者だからあきらめる」「高齢者だからあきらめる」「お金がないからあきらめる」ではなく、成功するか失敗するかわからないけれども、誰でも挑戦できる機会がある社会を実現するために、スポーツにおけるジェンダー平等を進めることの意義は非常に大きいと言えるでしょう。

第三章　沈黙するアスリートたち

アスリートはスポーツだけしていればいいのか

東京新聞のアンケート調査によれば東京五輪の後、スケートボードやサーフィンなど一部の競技を除き、約七割の団体がスポーツ振興の機運が「停滞」あるいは「しぼんでいる」と回答しています。コロナ禍でスポーツをする機会が制限されたという事情を考慮しても、やはりこれはスポーツ界の責任が大きいと言わざるを得ません。コロナ禍のような非常時であっても、スポーツだからこそ社会に貢献できることがあるのだということを最もよく伝えられるのは、そのことを体験的に知っているアスリートのはずです。

しかし、すでに引退した選手たちも含め、そのための「発信力」を有効に発揮できているアスリートは、そう多くはありません。良いパフォーマンスを発揮するために技術を磨くのと同じで、アスリートが説得力のある発信をしていくには、常に自分がやっていることを俯瞰《ふかん》し、言語化していく訓練が必要ですが、その機会は非常に限られています。

それは、日本の社会にある、「アスリートはスポーツだけしていればいい」という空気にも原因があると、私は思います。たとえば、テニスの大坂なおみ選手は、二〇二〇年の全米オープンに、「ブラック・ライブズ・マター（黒人の命は大事だ、BLM）」運動への支持を表明するため、警察の人種差別的な暴力の被害に遭った黒人犠牲者たちの名前が記されたマスクを着用して臨みました。しかし、彼女のこの行動をめぐり、日本では「政治的なメッセージをテニスに持ち込むな」など批判するコメントが目立ちました。彼女のようにスポーツ以外のことで自分の考えを述べると、しばしば「アスリートのくせに生意気だ」などと言われてしまいますが、こうした「自分の専門外のことは黙っていろ」という風潮は、アスリートのみならず、芸能人やアーティストにも及んでいます。

どのような職業に就いていても、誰もがこの社会に生きる一人の人間として、自分の考えを持ち、発言していくことは、何ら否定されるべきものではないはずです。何かおかしいことがあるのに黙っているのは、むしろ無責任ではないでしょうか。それが、人々の命や人権を脅かすことであれば、なおさらです。

FIFAワールドカップ予選で来日し、二〇二一年に起きた国軍のクーデターと市民の殺害に抗議するジェスチャーをして、帰国せずに日本で難民認定されたミャンマーのサッカー元代表、ピエリヤンアウンさんは、「おかしいことはおかしい」と、声を上げたアスリートの一人です。ミャンマー国内では、彼のサッカー仲間が抗議運動に参加し、中には国軍に射殺された人もいると言います。

イランでは二〇二二年九月、髪を覆うヒジャブを「不適切に」着用したとされた女性が「道徳警察」に逮捕された後、死亡したことを契機に大規模な抗議デモが起きており、それに対してイラン政府は厳しい弾圧で臨んでいます。抗議活動に参加した二六歳のプロサッカー選手の一人が死刑判決を受けるなど、日本では想像できないほどのリスクがある中、イランの元サッカー代表で「国民的英雄」と言われるアリ・ダエイ氏も抗議活動への連帯と支援を表明しています。

そうした動きを受けて、二〇二二年FIFAワールドカップに出場したイラン代表選手たちは、初戦で国歌斉唱を拒否し、弾圧に抗議しました。おそらく圧力もあったのでしょう、その後の試合で彼らは国家を斉唱し、一次リーグ敗退で帰国したチームを迎えた国内の反応は冷たかったと言われますが、命懸けの抗議の声を上げた彼らの姿は、イランをめぐる状況について、世界に知らしめるインパクトがあったと思います。アスリートが声を上げることについて、考えさせられる出来事でした。

なぜ黒人犠牲者の名前入りのマスクをつけたのかと聞かれた大坂選手は、「私の子どもたちの世代のためにこの世界をより良い場所にするには何ができるだろう？　と、何度も自問しました。今こそ制度的人種主義と警察暴力に声を上げるときだと決意したのです」（『私たちが声を上げるとき――アメリカを変えた10の問い』集英社新書）と語っています。彼女自らが黒人のルーツを持っているということに加え、長年白人のものだったテニスというスポーツのプレーヤーとしてコートに立っているからこそ、全米オープンであのような行動に出ずにはいられなかったのでしょう。

オリンピアンとしての誇り

アスリートは、自分たちの発言に社会的意味があることを、もっと自覚して良いと思います。

二〇一六年、アメリカ女子体操代表チームのドクターが、五輪代表選手も含めた二六〇人以上もの若い女子体操選手に対し性的虐待を行ってきたこと、被害の訴えをアメリカ体操協会や選手たちの所属先が長年隠蔽しようとしてきたことが報道されました。この事件については、ネットフリックスのドキュメンタリー「あるアスリートの告発（原題：Athlete A）」が詳しく伝えていますが、元五輪代表選手など被害を受けた何十人もの女性が顔と実名を出して法廷に立ちました。そのうちの一人ジェイミー・ダンツスチャーさんは「ここにいる女性たちは犠牲者ではありません。勇気をもってあなたの悪事を終わらせにきました。今私たちには声も力もあるのです」と力強い言葉で証言しました。そして、「（今回は）元五輪代表として伝えることができました。〝もう操られない〟と。やっと自分をオリンピアンだと思えます。今までは何も誇れませんでした。やっと前に進めそうです」と語りました。

オリンピアンとは何者なのかがここに示されています。高い競技力を有し、素晴らしいパフォーマンスを行うだけではなく、目の前の真実や大きな敵を恐れたり、逃げたりすることなく立ち向かえる勇気を持った人たちなのです。さらに大事なことは、彼女たちがなぜ闘ったのかということです。前述した一五名の女子柔道選手たちも同様ですが、自分自身の誇りや尊厳を守ることと同時に、彼女たちには自分たちと同じように夢を持ってスポーツをするであろう未来の子どもたちが同じ思いをしないようにという強い想いがありました。

彼女たちの勇気ある行動は、社会に大きなインパクトを与え、イメージ失墜によるスポンサー離れを恐れて選手を守ろうとしなかったアメリカ体操界の体質を明るみに出すことになりました。この事件が知られ、検証されるプロセスにおいて、彼女たちを励まし、支えた多くの人たちがいました。彼女たちはその人たちの支えに感謝し、勇気を振り絞って応えて見せたのです。一方で、アメリカ体操協会がそうであったように、アスリートを取り巻く組織や指導者、メディアなどは、アスリートの力はスポーツという場でのみ発揮されるものであり、それ以外では無力であるかのように扱い、自信を失わせるような言動を取ることは少なくありません。

しかし、アスリートたちの言葉が持つ力、影響力は、決して小さいものではありません。そのことをアスリート自身が気づき、信じることが重要なのです。

スポーツは他者とのディスカッション

日本のアスリートたちも、新型コロナウイルス感染症拡大下での東京五輪開催の是非について、さまざまな発言をしてきました。開催反対が世論の多数を占める中、「『できない』ではなく、『どうやったらできるか』を皆さんで考えて、どうにかできるように、そういう方向に変えてほしい」（体操・内村航平選手）というアスリートの立場からのものもあれば、「国民の意見を無視してまで競技をするようではアスリートではない」（陸上女子一万メートル・新谷仁美《にいやひとみ》選手）など、社会の状況を踏まえた発言もありました。しかし、そうした多様なアスリートの意見が存在することを無視するかのように「この五輪に人生を懸けてきた選手のために大会を成功させたい」などと、五輪への批判を封じる切り札として選手が使われてしまったことは、非常に残念に思います。

あのときのスポーツ界には、「何が何でも五輪開催」という空気が満ちていたと感じます。当時ＪＯＣ理事だった私は、新聞で「五輪は延期すべき」と発言しましたが、他の理事からはたいした反応もなく、議論すらできないという空気がありました。

そもそも、日本の社会では、議論すること自体がなかなか成り立ちません。ほとんどの場合、異論は批判や否定と捉えられてしまい、いわば反体制派的な存在に置き換えられてしまいがちです。とある会議で私がある人の発言に異を唱えたとき、周りには私がその方を責めているように見えたようです。会議が終わった後に他のメンバーから「○○さんと何かあったのか」という電話がかかってきて、ただ議論をしたいだけなのに、何か言うと仲が悪いと取られてしまうのかと、驚いてしまいました。

ストレートなもの言いをする私の言動を見た人から「山口さんは嫌われても平気ですよね」と言われることもありますが、私は好き好んで嫌われたいわけでも、嫌われて平気なわけでもありません。ただ、おかしいことはおかしいと言わなければならないと思っているだけです。私は柔道の世界に女性が少ない時代から意識的に発信するように心がけてきましたが、発信をすれば反応が起き、それが議論になって解決の方向に進むこともありました。また、発信するためには自分自身が学ばなければならないことも力になっていったと思います。

本来、議論という行為は、意見が異なる相手とも対話し、さまざまな意見が重なっていく中で、皆がおおむね納得するより良い形を探っていくということだと思います。そのために、「この点が気になる」と思えば、「こういう選択肢もあるのではないか」「別の可能性も考えられるのではないか」と異なる方向性を示すわけです。

実は、こうしたコミュニケーションのあり方は、まさに、スポーツでやっていることそのものです。

たとえばテニスのラリーでは、相手が打ってきたボールに対し、「ああ、この人はこういうプレーをするんだな。じゃあ、自分はあっちに打とう」と返します。ルールに則りながらも、時には相手の腹を探り、自分とは異なる他者のバックグラウンドも踏まえながら、丁々発止のコミュニケーションを取っていく中で、相手が先輩であろうが忖度せず、全力を尽くすのは当然のことです。この切磋琢磨が互いの上達につながり、ひいてはその競技自体の質の向上や発展につながっていくのです。

大前提として相手に対してリスペクトを持つことは言うまでもありません。そうした敬意があるからこそ、フェアな戦いができるのです。

これを社会に置き換えれば、上の者がトップダウンで言うことをきかせるのではなく、法律や慣習を前提にし、相手が自分より上の立場にいたとしても、「あなたはそう考えるんだ。でも、私はこう思う」と、堂々と議論を戦わせていくということだと思います。

決まったところにしかボールがいかないラリーが面白くも何ともないのと同じで、何でもかんでも賛成、賛成では、良くて現状維持、もっと言えば停滞でしかありません。根回しや上位者への忖度で、いかにも要領良く世渡りしているような人は、個人としては能力が高いのかもしれませんが、組織や社会をトータルで考えれば、むしろ生産性を落としているのです。多少の軋轢《あつれき》があっても、誰もが自由に意見を言い、活発に議論していくことは、社会を前に進め、次の世代が幸せになれる未来へとつながるのだと思います。

議論のできない人間は、国際社会では通用しません。国内で試合のなかった日本の女子柔道が国際試合で力を発揮できなかったのと同じで、日頃から論理的な思考を持ち、活発な議論を戦わせていなければ、どんなに能力があったとしても国際会議や外交、ビジネスにおいても力を発揮できないでしょう。競い合うから進化するという理屈から考えれば、世界と闘える人間をどうつくっていくのかは真剣に考えていかなければなりません。

「スポーツ界は一枚岩」の危うさ

新型コロナウイルス感染症との戦いは戦争にたとえられましたが、異議があっても五輪開催の是非を議論できない空気があったのは、もの言えぬスポーツ界の表れであったと思います。

スポーツ界は上下関係が強固で、上の人にはもの申せない空気があります。貪欲に勝利を目指すアスリートたちも、競技場を一歩出ると闘うことをやめてしまい、自分の意思を持たず、上の人の言うことに従ってばかりということが少なくありません。もちろん、目上の方に礼を尽くすことは大切ですが、間違っていると思うなら、相手が誰であっても恐れずに指摘し、そこから議論を尽くすのが、健全な組織というものでしょう。

まだ五輪開催の延期が決定される前、私がメディアのインタビューで「アスリートが十分に練習できていない状況での開催は、アスリートファーストではない。延期すべき」と答えたところ、「JOCの役員として言うことではない」「辞任してから言え」というメールや手紙が届きました。日本では「組織は一枚岩であるべき」という感覚が強いことを改めて感じた出来事でした。しかし、個々の能力を発揮させながら皆で同じ目標に向かっていくことと、常に「一枚岩」を求められることは違うはずです。今、「戦争反対」と口にできないロシア国民の状況を見ても、異論を許さない「一枚岩」の社会は非常に怖いと思います。

こうした「組織は一枚岩であるべき」という空気に風穴を開けてくれるのは、海外でプレーしたり、外国人監督の指導を受けたりした選手たちかもしれません。指導者や先輩の言うことが絶対となりがちな日本と違い、海外では監督も選手もオープンに議論することが当たり前です。スターティングメンバーから外された選手は「なぜ自分は外されたのか」と聞くことができますし、監督はそれに対し説得力のある理由を挙げて説明することが求められます。そうした環境では、積極的に異を唱え、議論していかなければ、生き残っていけません。

最近は、サッカーなどを中心に海外のチームで鍛えられた日本人アスリートたちも増えてきています。また、二〇三〇年冬季五輪札幌招致への協力を依頼されて、「スポーツの純粋な楽しさをもう一度考え直したい」と辞退した女子スピードスケートの金メダリスト、小平奈緒《なお》さんなどからは、「上の人から言われたことは何でも受け入れる」というこれまでの日本のアスリートとは違う空気を感じます。このようなアスリートの存在が、もの言えぬ日本のスポーツ界を少しずつ変えていくのではないかと、期待しています。

メディアの質問がアスリートの力を高める

日本のアスリートたちのもの言わぬマインドを変えていくためには何が必要か。私はやはり、メディアがもっと役割を果たすべきだと思います。日本のアスリートの発信力が弱いのは、メディアにも大きな責任があるのではないでしょうか。

人は、質問されることで改めて考えるというところがあります。アスリートにとって、メディアのインタビューは、言語化できていない自分の考えを整理し、言葉を磨く非常に良い機会なのです。特に最近の若いアスリートは、SNSなど短いフレーズで成り立つコミュニケーションが主流という世代です。メディアは自分たちの問いかけがアスリートを考えさせる役割があることを前提に、ぜひたくさんの質問を投げかけ、アスリート自身が自分の考えをきちんと伝えることができるよう、アスリートの言葉を鍛えてほしいと思います。

インターネット時代で速報性が求められる中、インタビューに時間をかけられないという事情もあるでしょう。しかし、「小さな記事だから、そんなにいろいろ聞いても仕方がない」というのでは、アスリートはいつまで経っても浅い話しかできません。メディアは予定調和的なやりとりですませず、何かの拍子にぽろっと出てくるかもしれないアスリートの「良い言葉」を貪欲に求めてほしいと思います。

たとえば試合の後、アスリートが漠然と「応援に感謝しています」と、ありきたりな発言をしたとしたら、記者はさらに掘り下げて「心に響いたのはどのような応援ですか？」「感謝の気持ちを具体的に教えてください」など、もっと問いかけていってほしいと思います。そうすれば、「自分がこういう状況で苦しいときに、ファンからこのような言葉をかけられて、力を出せた」などと、その選手ならではのエピソードを交えた答えが返ってくるでしょう。「応援してくれた、すべての人に感謝しています」といったあいまいな返答をしてきたら、そこからアスリート本人も気づいていない「感謝」の中身をどう表現させるかは、記者の腕の見せどころですが、そのためにはメディアの側も質問力を高めることが必要になってきます。

「なでしこジャパン」が片膝をついた意義

もっとメディアに質問力を発揮してほしかった出来事として、東京五輪でサッカー日本女子代表チーム「なでしこジャパン」の選手たちが、相手チームとともに試合前に全員で片膝をつき、人種差別に抗議する意思を示したことを挙げたいと思います。

こうした政治的表現は、これまで五輪では厳しく規制され、処罰の対象となってきました。しかし、海外ではBLM運動を受け、試合前に片膝をつく行為が広がっていたこともあり、東京五輪では国や組織、人を標的にせず、妨害行為とならないことを条件に、選手が政治的表現を行うことを容認することとなりました。

これまでの慣習を破り、アスリートもスポーツ以外のことに意思表示したという点で、「なでしこジャパン」のこの行動は、日本のスポーツ界に一石を投じるものだったと思います。残念なのは、このことについて、その背景を詳しく報じるメディアがほとんどなかったことです。

男子代表がしなかったのに、日本の女子チームがBLM運動への賛同を示したのはなぜなのか。そこにはおそらく、女子サッカーがサッカー界の中で差別されてきたことが深く関わっていたと、私は想像しています。だからこそ、彼女たちは黒人差別に対して男子以上に敏感に「これは許してはならない問題だ」と反応することができたのではないでしょうか。「こういうことがありました」と報道するだけではなく、そこに至った経緯まで掘り下げて初めて、「なでしこジャパン」の決断の重みや女子スポーツの歴史、差別とは何かなど、深く考えさせることができるのだと思います。そしてそれは、社会に対してメディアが担う大きな役割のはずです。

一方、メディアが社会の意識を映す鏡だとすれば、メディアが表面的な報道しかできないのは、受け手である私たち自身にも責任の一端があると言えます。個々の記者の中にはよく勉強している人も、深い取材をしている人もいますが、そうした現場レベルの仕事が組織の中で「それでは視聴率は取れない」「読者はそんなことを求めていない」とかき消されてしまっているのだとしたら、受け手側も声を上げることが必要です。もっと中身の濃い報道に接するには、ただ単に情報を受け取るだけではなく、「もっと深掘りした記事が読みたい」「選手の言葉の背景にあるものを知りたい」という要望を、私たちの方からメディアに発信しなければならないと思います。

チャンピオンを神格化する危うさ

もう一つ、メディアに要望したいのは、メダリストを安易に神格化しないでほしいということです。試合で無類の強さを発揮するアスリートに対し、世間はしばしば「人としても完全無欠に違いない」と思い込みます。しかし、金メダリストだから、素晴らしい人だというのは、スポーツをしているところだけを取り出した過大な評価かもしれず、そのような評価を背負わされた人間にはかなりの重圧です。イチローさんをはじめ、国民栄誉賞を打診されて断る人がいるのも、そのような過大な評価を良しとしないことの表れでしょう。

たとえば、山下泰裕《やすひろ》さん（JOC会長）はそのように世間に思い込まれてきた元アスリートの一人だと思います。山下さんは、全日本柔道選手権九連覇、公式戦二〇三連勝など数々の偉業を成し遂げた、不世出の柔道選手です。全盛期に一九八〇年モスクワ五輪ボイコットで金メダルの夢を絶たれ、その次の一九八四年ロサンゼルス五輪で怪我の痛みに耐えながらついに金メダルを勝ち取った山下さんの姿は、日本中に大きな感動を呼び起こしました。アマチュアスポーツで初めて国民栄誉賞を受賞し、引退後には日本代表監督、全日本柔道連盟（全柔連）会長、JOC会長と、柔道界やスポーツ界の要職を歴任してきたのは、「あの山下なら」という期待があってのことだったと思います。

しかし、コロナ禍での五輪開催に不安が高まる中、山下さんは「世界中のアスリートたちが安心・安全な形で五輪に参加できるように全力を尽くす」と、終始開催ありきで臨み、その頑《かたく》なな姿勢には少なからずの批判が寄せられました。彼を知る一人として思うのは、おそらく山下さんには元アスリートとして、オリンピアンとして「五輪は絶対的に素晴らしいものだ」という強い想いがあり、それを否定するような意見を受け入れることができなかったのではないかということです。しかし、そうした態度がスポーツ界と社会をつなぐ役割を果たすべきJOC会長としてふさわしいものだったかどうかは、難しいところだと思います。

また、二〇二二年二月にロシアがウクライナに侵攻したときには、山下さんはプーチン大統領と親密な関係を築いてきたにもかかわらず、「皆が思っているほど親しいわけではない」と自己弁護のようなコメントを出すに留めました。「柔道の精神、目的に完全に反する。まったく容認できない」と、プーチン大統領を非難する声明を発表したのは、ようやく四月になってからのことです。なかなか非難声明を出さなかったことについて、山下さんは「私の専門は柔道、スポーツ。専門外の国際政治に口を突っ込むべきではないと考えていた」と弁明しましたが、ＪＯＣと全柔連の会長という公的な立場にある人間がそのような浅い認識しか持っていなかったことに、再び失望が広がりました。

「あの強い山下さんはどこへいってしまったのか」「山下さんは変わってしまった」という声も聞かれました。しかし私から見れば、山下さんの姿勢は現役時代から一貫していると思います。そもそも、これまで柔道やスポーツ以外のことで山下さんが自分の考えを発言したことはあったのだろうか、ということです。山下さん本人のスタンスはこれまでと同じなのに、メディアや世間はスポーツでのイメージを捉えて勝手に偶像をつくり上げて期待し、失望しているように見えます。一方で、アスリートの側は、引退後にスポーツ組織や団体の重要な役職を担うということは、立場は変わってもスポーツで成し遂げた成功の再現を期待されているということを、忘れてはならないでしょう。

こうした過度な期待が生まれてしまうのは、スポーツ界が一貫して、スポーツを人間教育と位置付け、そこでの学びや経験が実社会に通じると言い続けてきたことも関係しているのではないかと思います。実際には、スポーツと実社会には違いがあり、スポーツと同じようなレベルでの活躍を期待されても難しいときがあります。

私自身の経験から言っても、実社会で要求されるのは、スポーツとはまた違う能力であることが多いと感じます。スポーツは相手が限定的であり、目指す目標がはっきりしている、即ち、勝ち負けや限られた時間で決着がつくというわかりやすさがあります。それに比べると、社会は相手も不特定多数で、何をもって成功と言うのかもあいまいで、自ら目標を設定しなければなりません。

とはいえ、一般の人が社会に出たアスリートに期待していることを突き詰めていけば、根底にあるのは、相手が力を持っていようともひるまずに立ち向かっていく勇気や、間違ったらそれと認める潔さ、つまりスポーツマンシップではないかと思います。難しいのは、アスリートとして成功し、評価が高かった人ほど評価に敏感で、自分の輝かしいイメージを落としたくない、誰からも嫌われたくないという、守りの姿勢に入りがちだということです。これは、現役時代にはけっしてなかった心の動きと言えるでしょう。しかし、そうした守りの姿勢から、保身のために誰かに忖度して思っていることを言えなかったり、力を出し惜しみしているように見えたりしてしまい、結果的に人々の期待を裏切ることになってしまうのです。

羽生《はにゅう》選手に質問すべきだったこと

最近引退したアスリートで最も人気が高く、今後も活躍が期待されている一人として、フィギュアスケートの羽生結弦《ゆづる》さんが思い浮かびます。

二大会連続五輪金メダリストで「絶対王者」と称された羽生さんの競技実績は、文句なしに賞賛すべきものです。さらに、二〇一一年の東日本大震災からの復興への思いを行動やメッセージとして発信するなど、若くして人格も完成されたかのような姿を見るにつけ、彼が今後どのような人生を送っていくのだろうかという興味とともに見守っている人が多いのではないでしょうか。二〇二一年に亡くなった柔道金メダリストの古賀稔彦《としひこ》さんが「自分たちのような頂点を極めた人間の人生は振り子の振り幅がすごく大きい。良いときもすごいけれど悪いときも同じぐらいに振れるから大変」という話をしてくれたことを、つい思い出してしまうのです。

羽生さんにとって最後の五輪となった二〇二二年北京冬季五輪は、少し残念な結果となりました。アクシデントや怪我の影響もあってベストなパフォーマンスができず、メダルを逃したこともちろんですが、それ以上に気になったのは、その戦いの孤独さです。五輪は個人の戦いであると同時に、控えの選手やスタッフなど、さまざまな場面で選手を支える人々も含めたチームジャパンとしての戦いでもあります。しかし、コーチを伴わなかった羽生さんの最後の五輪は、いろいろな意味で自分だけで背負って自分だけで戦ってしまったように見えました。

個人戦に先立って行われた団体戦に、羽生さんは姿を見せませんでした。最終調整で北京入りが遅れ、三連覇のかかった個人戦に注力していたというのは理解できますが、チームの勝利に貢献しようと戦う仲間たちのために、応援席に一日でも数十分でも顔を出して、精神的な支えになってくれたら……と感じずにはいられませんでした。

それは、団体戦の選手の力になるだけでなく、羽生選手自身への力にもつながったのではないかと思ったからです。引退後の山下さんが高い期待を寄せ続けられるのと同じように、今後、羽生さんにも人々からの期待や注目が集まり続けることでしょう。そんな過度な期待に対し、羽生さんも時としてうんざりすることもあると思いますが、勝手にアドバイスをするならば、「あの羽生さんも普通の人間なんだ」という当たり前の姿を見せていった方が良いということです。

メディアが、大物政治家、芸能人、スター選手などへのインタビューに際しては、当然のことながら緊張し、言葉を選んで行っていることは理解できます。しかし、アスリートの場合には、若くして栄光を手にすることも多いので、スターといえども気を遣いすぎずに、接していってもらいたいと感じています。これから先の羽生さんの生き方を楽にしていくためには、過度の特別扱いをするよりも、まだ二〇代の若者としての羽生さんを評価し、必要であれば導くなど、もっと自然なやりとりができる関係性が重要だと思います。

たとえば、日本のみならず海外メディアも、ワリエワ選手のドーピング違反については羽生さんに質問しませんでした。ドーピングという重大な問題について、フィギュアスケート界を代表する存在である羽生さんの意見をメディアが発信することには、大きな意義があったはずです。「ワリエワ選手の出場は許されない」でも「よくわからないから、何も言えない」でも、どんな発言をするかということから、私たちは羽生さんのフィギュアスケート界やスポーツ界に対する想いを知ることができたのではないかと思います。

ワリエワ選手のドーピング違反はロシアの国ぐるみの問題ではないかとも言われ、ある種、スポーツを超えた政治的な話題でもありました。

羽生さんに対してだけではなく、日本のメディアはアスリートに政治的な質問をしない傾向があり、そのことでアスリートが守られている部分もあります。しかし、アスリートも社会の一員ということに変わりはありません。スポーツや五輪が社会の一部（文化）である以上、見ないふりでは通らないこともあるはずです。そして、メディアの厳しい質問に答えることでアスリートは自分の考えを深め、スポーツの外にある世界との接点を持ち、引退後に生きる社会に近づいていくのです。

声を上げる海外の選手たち

一方、海外の選手は、ワリエワ選手のドーピング問題に関して、黙ってはいませんでした。フィギュアスケートの選手を中心に、「一五歳という若さだから責任を免除されるというのはおかしい」「違反を犯した選手とルールに従っている選手が争うのは公平でない」と異議を唱えたのです。こうした反応から、「たとえ、どんな素晴らしい選手であっても、ルール違反を許してはならない」という、スポーツの原理原則がしっかりと根付いているとともに、彼らが自らの考えを論理的に言語化する習慣を持っていることを感じずにはいられませんでした。ドーピングの他にも、二〇二二年北京冬季五輪には、開催国である中国の人権問題や女子スキージャンプでのスーツの規定違反に対する不透明なジャッジなど、多くの問題が見られましたが、そうしたことについても、きちんと指摘し、堂々と主張する海外の選手の姿は、与えられた状況に黙って従う日本の選手たちとは対照的だったと思います。

そのことを如実に表していたのが、ワリエワ選手のドーピング違反が発覚し、すでに終了していたフィギュアスケート団体戦のメダル授与式を行わないというＩＯＣの決定に対する反応です。団体戦では、ロシアが金メダル、アメリカが銀メダル、日本が銅メダルという結果でしたが、アメリカチームの選手たちはＩＯＣのバッハ会長と面会し、「獲得したメダルを持って帰りたい」と訴え、メダル授与式の実施を求めて、スポーツ仲裁裁判所（ＣＡＳ）に提訴しました。しかし、ＪＯＣは「日本のフィギュアスケートチームと面会したい」というバッハ会長の申し出に対し、「ＩＯＣの今回の対応を受け入れる」とし、選手がＩＯＣと対話するせっかくの機会を閉ざしてしまったのです。

結果的に、アメリカチームの訴えは認められませんでしたが、こうした意思表示ができるかどうかは、試合においてベストを尽くしてプレーすることと、まったく同じだと思います。日本チームの選手たちから意思表明をする機会を奪ってしまったＪＯＣの判断は、選手たちに対して「上の人の言うことに逆らってはいけない」と、暗に植え付けるもので、非常に問題だったと言えるでしょう。

ルール違反を許容した北京冬季五輪

世の中、きれいごとだけではうまくいかないことは多々あり、時には清濁併せ呑《の》むことが求められます。しかし、何でもありでは、社会に悪がはびこってしまうでしょう。だから、「お互い、これは守りましょう」という法律や規範があるのです。それと同じことがスポーツでも言えます。スポーツにルールが定められているのは、「最低限、これだけは守ろう」という共通の価値観の下、フェアで安全な試合をすることを意味します。ルールを最大限活かした戦術を駆使することは許されても、アスリートにとってルールを守ることは大前提です。

たとえば、柔道などの格闘技には安全に戦うためのルールがあり、見ず知らずの相手と相対しても、武器を持っていたり、突然殴りかかってきたり、嚙《か》みついてきたりすることはないという、心理的な安心感が保たれています。

スポーツのルールは、世界中の多様な価値観を持つ人々が相手であっても、フェアに安全に戦うことを可能にしています。グローバル化が進み、世界がどんどん身近になって、見ず知らずの外国の人たちとも同じ電車やエレベーターに乗り合わせることが日常になった今の時代、このことは重要なメッセージだと思います。

サッカーで手を使ってはいけなかったり、ラグビーでボールを前にパスしてはいけなかったり、スポーツのルールは、しばしば面倒なものです。しかし、そうした面倒なルールを互いに守りながら、技を磨き、チームメイトやコーチなど周囲と助け合って結果を出していくのがスポーツであり、それは民主主義の理念と共通するものだと思います。「こんなルールは面倒だから、自分たちに都合が悪いから、勝手に破ってもかまわない」というのでは、スポーツも社会も成り立ちません。

その意味で、ドーピングをしてはならないというのは、アスリートや指導者が世界で決めたルールを守れるかどうかの一つの判断基準です。スポーツのルールを守れないロシアが、ウクライナ侵攻という重大な国際法違反を犯したのは、してはならないルール違反をするという点で地続きと言えるでしょう。

ワリエワ選手のドーピング問題の発端は、そもそもロシアという国自体が組織的なドーピング疑惑を理由に、平昌冬季五輪以降、国として五輪に出場することは許されておらず、クリーンと認められた選手のみが、個人資格で出場してきたという経緯にありました。たとえ国旗を掲げられず、国歌を歌えないとしても、実質的には「ロシアチーム」として五輪に出場を認められていたことは、いわば、サッカーで反則してレッドカードを出されたのに、「いや、今のはイエローカードでいいでしょう」と抜け道を用意されたようなものだったと言えます。

また、ロシアが国として出場できない以上、北京冬季五輪開会式にプーチン大統領が招かれて出席したことは、本来ならあってはならないことだったと思います。開催国の中国が政治的・経済的にロシアと深い関係があるとしても、東京五輪のときに「開催の決定権はＩＯＣにある」と主張し続けていたＩＯＣには、「プーチン氏を開会式に招待すべきではない」と止める権限があったはずです。にもかかわらず、ＩＯＣのバッハ会長がプーチン氏と同席している映像の発信は、「ルール違反を許容する」という誤ったメッセージだったと思います。

ロシアは五輪後にウクライナに侵攻しましたが、ロシアのウクライナ侵攻を非難する安保理決議を棄権した中国で北京冬季パラリンピックが開催されたことも含め、「平和の祭典」という五輪の理想は、今、大きく揺らいでいると言えます。

毅然とした態度が取れない日本のスポーツ界

ルール違反に対して毅然とした対応が取れるかどうか、これは日本のスポーツ界にも無縁の話ではありません。

一九八〇年モスクワ五輪ボイコットをきっかけに、日本のスポーツ界は政治と距離を置こうと、JOCという、日本体育協会（現・日本スポーツ協会）から分離独立した組織をつくりました。しかし、東京五輪で国の出先機関のような行動しか取れなかったJOCが、今後、何らかの問題がある五輪が開催されたとき、政府に異を唱えることはできるのでしょうか。

このことに関連して、二〇二二年サッカーワールドカップで非常に印象深い場面がありました。決勝戦終了後、スタジアムで観戦していたフランスのマクロン大統領がピッチに下り、失意の底にあるフランス代表選手たちを一人ひとり抱き締め、声をかけている様子がテレビに映し出されました。しかし、選手たちは心ここに在らずという態度を隠さず、大統領の激励にも「一体、何しに来たんだ」というぐらいの素っ気なさだったのです。相手が大統領だからといってへりくだることもなく、「政治は政治、スポーツはスポーツ」と言わんばかりのフランス代表選手たちの姿に、「これがもし日本の選手だったら、自国の首脳に対してこんな態度を取れただろうか」と考えてしまいました。

それこそ、日本の選手が同じような場面で首相に冷淡な態度を取ったら、「失礼だ」と袋叩きにあうかもしれません。しかしフランスのメディアが非難したのは、選手たちではなくマクロン大統領の方でした。「代表監督でもないのに、やりすぎだ」「政治パフォーマンス」などと批判が噴出し、「まるで一二人目の代表メンバーのようだった」との皮肉も飛び出しました。フランスのサッカーメディアが掲載した、「悲劇であろうと輝かしい場面であろうと、選手やスタッフだけのものであるはずの瞬間に、彼の役割や地位がこのように見られることがあってはならない」という論評は、政治と「上下関係」にあるかのような日本のスポーツ界にとって、耳が痛い「正論」ではないかと思います。

今こそ、スポーツは平和の架け橋に

ロシアのウクライナ侵攻を受け、ＩＯＣやＦＩＦＡなど多くのスポーツ団体がロシアの選手を競技会から締め出しました。これらの決定に対しては、「選手に罪はない」という意見も聞こえます。選手たちは国を背負っているという立場上、言えないこともあるかもしれませんし、それこそ「一枚岩であるべき」という圧力は相当強いということも考えられます。それでも、自国を変えられるのは国民しかいないと考えれば、スポーツ選手もロシア国民である以上、一定の責任があると、私は考えています。

今後、ロシアが再びスポーツの国際大会に国として参加できるようになるには、自分たちはルールを守れる国になったということを、きちんと示すことが必須です。そうでなければ、フェアに競い合うことはできませんし、裏でルール違反をするような国とは誰も試合をしたいとは思わないでしょう。

しかし、ロシアのスポーツ界はワリエワ選手を擁護し、あるいは沈黙を続け、しばしば「自分たちは不当に排除されている」という被害者意識をにじませています。その中には、フィギュアスケート界で「皇帝」と呼ばれたトリノ冬季五輪金メダリスト、エフゲニー・プルシェンコ氏も含まれます。彼のように、若いときから国際的に活躍し、広い視野を持つはずの人物でさえそうなのかと、考え込まずにはいられませんでした。

とはいえ、単に彼らを排除するだけでは、「敵か味方か」という分断を一層強めてしまうことになります。スポーツに戦争を止める力はありませんが、できることもあるはずです。平和に向かうためには、意見が異なる人とも対話をして落としどころを探っていくことが大切ですが、政治家同士ではそのような対話が難しいときでも、アスリート同士であれば可能なこともあると思います。

アスリート同士の関係は、競技の場だけにあるのではありません。勝敗がつく以上、スポーツは一人では成り立たず、相手がいて競い合うからこそ、高みに登っていけるのです。そのことを熟知しているアスリートたちは、しのぎを削るライバルであっても互いにリスペクトし合い、国境を越えた友情を育んでいます。

本来、五輪の意義は、国同士の争いや政治的対立を超えて、スポーツでは仲良くしていこうというところにあります。もし二〇三〇年に札幌冬季五輪を開催することになるのであれば、アスリートたちの対話の場を公式に設け、世界中のアスリートたちがスポーツというフィルターを通して社会問題を真剣に議論する姿を示すことを提案したいと思います。平和の問題、格差の問題、環境の問題、差別の撤廃、ドーピングなどのルール違反をどう考えるか、そして五輪やスポーツがこれらに対してどのように貢献していけるのか……世界のトップアスリートたちが、こうした問題について議論することは、社会に大きなインパクトを与え、社会を変えていく一助にもなるはずです。ＩＯＣが毀損してしまった五輪の価値を取り戻すためにも、今こそ、選手たち一人ひとりが自らの言葉の力や自分たちだからできる対話の可能性を信じ、平和のための一歩を踏み出していってほしいと願っています。

どんなに激しく競い合っても、フェアプレー精神の下で互いに傷つけ合わず、試合が終われば握手をし、健闘を称え合う。優れた演技や競技には、国や民族や宗教の違いを超えて素直に敬意を抱く。

スポーツで見られるこうした光景は、どんな相手であっても同じ人間として理解し、共感し合い、対話を交わす土台をつくり出すことが可能であることを教えてくれます。感染症やテロ、内戦、貧困、環境汚染など、世界が力を合わせて解決していかなくてはならない課題や問題が山積している中、そうした数々の困難を、国や民族や宗教の違いを乗り越えて解決していくために、スポーツの役割はますます重要になっていくはずです。

終章　スポーツの価値とは何か

スポーツは社会を映す鏡

これまでの章で、スポーツを取り巻くさまざまな問題を取り上げながら、それらが私たちの社会のあり方とも深く結びついていることを述べてきました。スポーツはスポーツだけで成り立っているのではなく、スポーツに見られる勝利至上主義や上の人の言うことに逆らえない構造、女性差別などジェンダーの問題は、多くの人にとって「自分の周りでもそういうことがある」と思い当たるところがあるのではないかと思います。

「はじめに」でも述べたように、いまだ昭和的価値観が強い日本の社会において、これらの問題を解決しようという動きは、もどかしいほど緩慢です。そのような中、もしスポーツが旧来のあり方から脱却し、「こうあってほしい」という未来へと変化していけるのだとしたら、それは社会全体の意識を変えていく推進力になっていくと考えています。

人々が注目する大きな舞台でそうした変化に挑戦したのは、サッカー日本代表の森保一《もりやすはじめ》監督だと思います。森保監督は、上意下達ではなく、若手も含めた選手たちが自律的に考えて動くチームマネジメントを貫きました。当初は成績もぱっとせず、こうした手法に対し、「もっと規律が必要なのではないか」「リーダーシップがない」などの批判がありましたが、二〇二二年サッカーワールドカップで成績こそベスト8に進むことはできなかったものの、強豪のドイツ、スペインに対する勝利は、日本社会を大いに沸かせました。森保ジャパンの「成功体験」は、上司世代に属する人々に「ああいうふうにすれば、若い社員が活かせるんだな」と改めて気づかせたと思います。

WBCの侍ジャパンを率いた栗山英樹監督も新たなリーダー像とチームづくり、個性のある選手の活かし方を見せてくれました。やらせるのではなく、選手たちが自ら役割を自覚して行動するような環境をつくる。ダルビッシュ有《ゆう》選手や大谷選手のようなスターがいても、誰もがチームに貢献している、チームの一員であると感じられる雰囲気がありました。組織には顔を出して大きな責任を担う人もいれば、中心から遠いところで役割を担う人もいますが、組織が機能するには中心から遠い人がロイヤリティ（組織への忠誠心）を持っていることが重要だと思います。

日本は森保さんや栗山さんのチームづくりやコーチングにならい、もっと若い世代を信頼し、チャンスを与えるべきだと思います。たとえば、各競技団体の中核を担う役員は、現在は六〇代が平均だと思いますが、四〇代、五〇代が中心になってほしいものです。アマチュアの団体は、仕事が忙しい現役世代は無理だから、定年後の世代がやるしかないという意見もあります。しかし、働き盛りの世代は気力、体力、判断能力が高いから、本職でも活躍しているのです。能力の高い人はタイムマネジメントもできますし、適材適所に人を配置することもできるはずです。上の世代は、いつまでも「俺が俺が」と前に出るのではなく、世代交代のバトンタッチを進めていく責任があります。特にバブル時代を知らない若者たちは、ずっと低成長期の日本で生きてきて、少子高齢社会で国の借金も多額なこの国の未来に「この先、いいことなんかない」という思いを抱いています。そうした日本への評価が自己評価にも結びついているのか、力は十分にあるのに「自分なんて」と自信を持てないのも、今の若者たちの特徴です。若い日本の選手が躍動し、無理だと思った強豪国を撃破してみせたサッカーのサムライブルー、メキシコやアメリカとのがっぷり四つの戦いを制して世界一を勝ち取った侍ジャパンの活躍は、そうした若者たちに「やればできるんだ」「チャレンジって大事なんだ」とダイレクトに響いたのではないかと思います。

スポーツが社会をポジティブな方向に変えるメッセージを伝えるということでは、全国高校野球選手権大会を主催する日本高校野球連盟（高野連）が、夏の大会を二部制にすることを検討していることは、真夏のスポーツ大会や部活動のやり方を合理的なものへと見直していくきっかけとなるでしょう。これまで夏の甲子園では、酷暑の炎天下で連日プレーすることが当然とされ、グラウンドに立つ選手の足が攣《つ》り、試合が中断するケースが散見されていました。なかなか抜本的な改革に乗り出そうとしなかった高野連ですが、天候の影響を受けにくいドーム球場の活用や柔軟な試合日程など、変革を進めていくことを期待しています。

また、国民的注目を集める高校野球が、暑さの中で頑張る選手の健康を優先するというメッセージは、働く人の健康や幸せを大切にする価値観を社会全体にもたらすことにもつながっていくかもしれません。スポーツ界は、自分たちが日本の社会に大きな変容を起こさせるという気概や自覚を持ち、積極的にチャレンジをしていってほしいと思います。

「違いがあるのは良いことだ」というメッセージ

WBCの代表メンバーには、大リーグでプレーするアメリカ・カリフォルニア州出身のラーズ・ヌートバー選手が選出されました。ヌートバー選手は母親が日本人ということで、WBCの規定により日本代表の資格があります。しかし、大リーガーとはいっても彼の経歴はあまり知られておらず、「日本人」の優秀な野球選手が山のようにいる中、限られた代表メンバーになぜあえてヌートバー選手が選ばれたのかと思った人も多かったと思います。その狙いを、日本代表チームの栗山監督は「戦力アップはもちろんだが、グローバル化という観点もある」「他の国で育って、野球をやっている中でも、人と人がつながる。一緒の仲間。そういった形を示すことも、スポーツの力だと思う」というような話をしています。この栗山監督の言葉は、日本野球界はもちろん、日本の社会のマインドチェンジを促すものだと思います。日本語も話せないヌートバー選手が見事にチームに溶け込み、ムードメーカーとしてチームを躍動させたことは皆さんが見た通りです。何よりも、多くの日本人が彼を受け入れて、日本人選手と同様かそれ以上の声援を送ったことは日本人のマインドチェンジが進んでいることを示したと感じました。スポーツチームのグローバル化は、理屈ではなく自然に人々の心に入り込み、馴染んでいき、日本自体のさらなるグローバル化に寄与すると思われます。

数ある課題の中でも、特に日本人がかなりの覚悟を持って取り組まなければならないのは、多様性を認めることだと思います。島国である日本では、「皆が同じであることが望ましい」という価値観を持つ人が多く、「日本人だからこうあるべき」という感覚が他の国より強いと感じます。

スポーツでも「日本ではこうなのに」と、他の国のやり方を否定するような見方がされることがあります。その典型が柔道で、「外国人の柔道は柔道ではない。やはり日本人のようにきれいな柔道をしなければ」などとよく言われますが、実は日本人同士のきれいな柔道は、皆、手の内が同じなので技も決まらず、見ていてあまり面白くありません。また、選手にとっても、日本人には思いもつかないような柔道をする外国の選手と試合をすることが良い刺激となり、成長につながっていることを、もっと知ってほしいと思います。

ルールの枠内であれば、自由な戦術でチャレンジできるのがスポーツです。日本人が

「汚い」と言う外国人の柔道も、あくまで決められたルールの範囲内でやっている以上、それは彼らの「スタイル」と言えます。野球でもサッカーでもラグビーでも、日本には日本のスタイルが、他の国には他の国のスタイルがあり、さまざまなスタイルがぶつかり合うことが、スポーツの魅力を深めているのです。一つの価値観しか認めない社会は息苦しいものですが、スポーツが見せてくれる多様性から生み出される面白さは、スポーツが伝えられる大切な価値の一つだと思います。

現代のグローバルな社会の中で、私たちは日本の中だけに閉じこもって生きていくことはできません。多様な文化や価値観を持つ人々と積極的に交流し、渡り合っていくためにも、異なる他者をいかに理解し、また自分自身を他者に理解してもらうかということが大切になります。

ともすれば、阿吽《あうん》の呼吸や忖度のし合いによって意思疎通を図ることが良しとされる日本人にとって、なかなかハードルが高いことではありますが、スポーツには、海外で活躍するアスリートたちという、格好のロールモデルが存在しています。

誰も忖度などしてくれない異文化に暮らしながら、彼らがどのように自分をアピールし、バックグラウンドが異なるチームメイトとコミュニケーションを図りながら成果を上げているか。その姿や方法論から、私たちは一人ひとりの多様性を踏まえながら、個々人を尊重する社会を実現するための大きなヒントが得られるはずです。

アスリートのキャリア・トランジションがスポーツの価値を高める

二〇二三年一月に行われた日本スポーツ学会の受賞式で、大賞を受賞したボクサーの村田諒太《りょうた》選手がスピーチで、「夢がかなったアスリートは幸福になれると思いますか」と、問題提起をしました。

村田選手はアマチュア時代にロンドン五輪で金メダルを獲り、さらにプロ転向後は世界王者にもなった実力者です。しかし村田選手は、「夢をかなえてどれだけ成功しても、塩水を飲むようなもの。飲めば飲むほど渇いて、次がほしくなる」「子どもの頃からの夢がかなってしまった人間が、同じ情熱を再び持つことは難しい」などと語っていました。

このように、夢をかなえてからの燃え尽き症候群や、現役引退後のキャリアは見過ごせないテーマです。

村田選手はロンドン五輪で日本人選手としてボクシングでは四八年ぶりの金メダルを獲得し注目されましたが、長くは続かず、「使い捨て」にされたような焦燥感に襲われたと言います。渇きをいやすために勝っても、その潤いは一瞬。勝利以外に自分の心を満たせるものがないと幸福にはなれない、と。この話からも、勝利や名声とは別に、スポーツから得られる喜びや価値を考えることが重要だと感じます。自分は何のためにスポーツをしているのか。これは、スポーツに限ったことではありません。生きることには夢をかなえたり、結果を出したりする以外にも、大切なことがあるはずです。

世界で実力を発揮してきたトップアスリートたちが、引退後も引き続き、自身が身を置いていたスポーツの世界に留まる進路選択があっても良いとしても、スポーツ以外にも多くの選択肢があることを認識してほしいと思います。スポーツを極め、経験し、学んだことは、どんな生業を選んだとしても活かせると思いますし、アスリートたちが社会の多方面で活躍する姿は、スポーツの意義や価値を高めることにつながります。トップアスリートはスポーツを離れても存在感を示すことが可能だし、その力を持っているということをぜひ自覚してほしいと思います。

私は、二五歳で現役を引退しました。今の選手に比べると早かったように見えますが、一三歳から日本のトップに立ち、一〇年以上競技に打ち込んだ後でしたので、「やり切った」という感じでした。その後は、大学の教員をしながら指導者としての新たなキャリアをスタートさせました。話せば長くなるので、簡単に自分のキャリアと考え方を述べます。女子の柔道もそうですが、当時は女子スポーツ全般がマイナーであったことから、女子スポーツを普及発展させていくための教育や研究に携わりたいと思ったことと、さまざまな社会活動や貢献もしていきたいと思ったからです。大学にはさまざまな分野の専門家がおり、自分がいかに狭いスポーツ村で生きてきたかを感じる場面も多くありました。一方で、多くの人はスポーツやアスリートをリスペクトしていることにも気がつきました。こちらが壁をつくらずに外の世界と交わっていくことで新たな学びや経験をすることができました。そして、それらが自分の持っているスポーツキャリアを活かす活動にも大いに影響していると感じています。

サッカー界であれば、本田圭佑《けいすけ》選手、長友佑都《ゆうと》選手、香川真司選手、吉田麻也《まや》選手など、海外の第一線でのプレー経験があるアスリートたちが何人も思い浮かびますが、彼らは日本が向かっている一歩先の世界で戦ってきました。日本は長い間、年功序列や生涯雇用の習慣がありましたが、近年、成果主義へと移行しつつあります。プロのサッカー選手や野球選手は、いつ解雇されるかわからない中でライバルと競い合い、自分をアピールしていきます。契約に関してはマネジメント担当を雇っているケースが多くとも、オーナーや監督との巧みな駆け引きや自己アピールは必須です。このような駆け引きはビジネスや外交の交渉術にも匹敵すると思います。引退後の彼らが解説者やコーチといった従来のキャリア・トランジション（職業・人生の転機）の枠を超えて、それこそ「日本の顔」として国際的な場で活躍できる可能性は大いにあります。

以前から欧米のアスリートたちは、医師や研究者、実業家など、多彩な進路を選択しています。医学部に進学した柔道の朝比奈沙羅選手やラグビー元日本代表の福岡堅樹《けんき》さん、実業家として活躍するサッカー元日本代表の鈴木啓太さんなど、日本でも最近、そのような例が少しずつ出てきています。現役時代の経験を活かしながら大学や大学院に進み、キャリアを広げていく彼らの姿は、後に続くアスリートが自分のキャリアを果敢に開拓していく道標《みちしるべ》となることでしょう。

何よりアスリート自身が、スポーツという小さな世界を飛び出してもキャリアを築いていく力が自分にあるというマインドセットをすることが大事です。アスリートのメンタルヘルスのところでも少し触れましたが、引退後のキャリアの幅を広げるためにも、現役時代からスポーツだけに留まらず、自ら社会と接点を持ち、広い人間関係を持つように努めてほしいと思います。

「体育会系」がもてはやされる時代の終焉《しゅうえん》

私が現役引退後、ＪＯＣの在外研修制度を利用してイギリスに留学したとき、"It's not cricket"（フェアじゃない）という慣用句があることを知りました。クリケットは日本ではあまり馴染みがありませんが、イギリスやオーストラリアなどではメジャーなスポーツで、一一人から成るチーム同士で対戦し、専用のバットとボールを使って得点を競います。紳士淑女のスポーツとも呼ばれるクリケットがスポーツマンシップやフェアプレーを体現するものと捉えられていることに、「スポーツのイメージはこうであるべきだ」と、強い感銘を受けました。

日本のいわゆる「体育会系」のイメージは、こうした本来のスポーツマンとはおよそ違うものと言えるでしょう。本書の冒頭でも述べたように、これまで「体育会系」は、挨拶ができる、上司に逆らわない、あるいは無理な仕事でも拒まない根性があることなどが評価され、就職でも有利とされてきました。

けれども、なぜ挨拶が必要なのかという本質的な部分を理解していないと、「体育会系の学生は三〇〇メートル離れたところにいる先輩には大声で挨拶するのに、目の前にいる年長者は無視する」ということが起こってしまうのです。これでは、「体育会系＝ルーティンワークはできるが自分の頭で考えない」と言われても仕方がありません。

理不尽なことにも黙って耐える旧来の「体育会系」が評価されてきたのは、時代がそうした人材を求めてきたからと言えます。高度経済成長の下で効率的に製品を大量生産していくためには、働く人間は会社のために一致団結し、我が身を投げ打つ歯車とならざるを得ませんでした。

そうしたシステムが日本の復興を助け、経済大国への道を切り拓いたことは否定しませんが、スポーツで培った根性や忍耐力は、ブラック企業的な働き方に耐えるためのものではないはずです。また今となっては、どんなに根性のある人間でも、過酷な条件に耐えられるという能力では、機械やロボットにかないません。ＡＩやロボットに睡眠や休暇は不要ですし、どんな作業でも文句一つ言わず、しかも短時間で確実に成果を出すことができます。

これからの時代、就職試験で「自分は体育会系なので、我慢強いです、挨拶ができます、ルールは守ります、いくらでも残業できます」とアピールしても、「そういうのは、全部、機械ができるから」と言われてしまうでしょう。

しかし、本来の「体育会系」であれば、ＡＩやロボットとは違う土俵でその能力を発揮することができるはずです。「視野が広く、目のつけどころが良い」「自分の頭で考え、ルールを尊重しながら臨機応変に行動できる」「大事なことを、フェアにはっきりと主張できる」「チャレンジ精神やレジリエンス（困難に遭っても、しなやかに対応できる力）がある」……そんなふうな本当の意味での「体育会系＝スポーツマインドを持った人」を自らアピールし、評価される時代が、そろそろ来てもいいのではないでしょうか。

バーチャルな世界と人間の価値

もしかしたら、スポーツにおいても、ロボットは人間以上にハイレベルなパフォーマンスを見せてくれる時代が来るかもしれません。けれども、「だったら、人間はスポーツをしなくてもいい」ということにはならないでしょう。たとえば、囲碁や将棋では人間以上に強いＡＩが存在しますが、人間同士の対局はいまだに繰り広げられています。

それと同じで、スポーツもやはり、感情を持つ生身の人間が行うからこそ価値があるのだと思います。近年、コンピューターを使って行うｅスポーツが人気ですが、これも結局、人間が行うもので、バーチャルではあっても、人間が頭脳をはたらかせ、指を動かすことで、試合は進んでいきます。やはり人間同士が競い合うことに、スポーツの魅力の源泉があるのではないでしょうか。

ＡＩやロボットが進化し、「人間とは何か」「なぜ人間には価値があるのか」という哲学的な問いが避けられなくなっていく時代において、この「人間が行う」というところに価値を見出せるのも、スポーツの意義だと思います。

かつては人間がやっていたことが、どんどん機械やＡＩなどに置き換えられていく中、実際に自分の体を使って行うスポーツは、人間が人間であることを意識させる、数少ない機会となっていくかもしれません。

たとえば、速さだけを追い求めるなら、私たちは車やオートバイにはかないません。それでも、多くの人がマラソンを楽しみ、たとえ一番になれなくても、レースに挑むのはなぜでしょうか。長い距離を走れば、喉も渇くし、呼吸も苦しくなるでしょう。翌日は起き上がれないほど、体が痛むような苦しいことをわざわざやるというのは、おそらく、自分自身が走ることでしか感じられない何かがあり、そこに価値を見出しているということではないでしょうか。

身体感覚を養うために

デジタル化が進むこれからの社会では、メタバース（仮想空間）などで展開されるバーチャルな世界がますます私たちに身近になっていくと思います。ＶＲゴーグルやヘッドセットをつければ、リアルかと見紛《みまが》うほど精密なデジタルの世界が広がり、自らもアバターという仮想空間での分身となって、現実の世界ではできないようなことも実現できます。これまでにない世界をつくるという点で、仮想空間がさまざまな可能性を持っていることは確かですが、かといって、人間がまったく体を動かさず、すべて仮想空間に依存するというのでは、失ってはならない大事なものをなくしてしまうことにもなりかねません。

戯画化された宇宙人は頭だけが肥大化した姿で描かれますが、人間はやはり実際に体を使って動かしたいという本能的な欲求を持っているように思います。また、肉体を酷使した苦しさや、痛みの感覚を知っているからこそ、他者の苦しみへの想像力をはたらかせることができるということもあります。何かにぶつかれば痛い、切れれば血が出るという経験がないまま成長したら、人を傷つけることをどこか軽んじるようになってしまうかもしれません。

ロボットやＡＩにない感情を持つのが人間であり、それが人間らしさの一つであるのだとしたら、感情を養う実体験の機会を持つことは、人間が人間であるためにとても大切なはずです。その意味でも、自分自身の体を使って行うスポーツの意義は、これからますます大きくなっていくのではないかと思います。

スポーツが文化となるために

この本では、勝つことや「感動」を超えた、多様なスポーツの価値を紹介してきました。こうしたスポーツの価値があまり知られていないのは、日本ではまだスポーツが文化になっていないことも関係しているのではないかと思います。

古くから伝わる相撲や蹴鞠《けまり》、武術などとは異なる近代スポーツの概念は、明治維新で日本にやってきた外国人教師たちによってもたらされました。それから一〇〇年以上が経ちましたが、スポーツを一部の人たちだけのものと捉え、スポーツから縁遠いままでいる人たちも少なくありません。

二〇二一年度のスポーツ庁の調査によれば、日本で週一日以上運動やスポーツをしている成人は五六・四パーセントと、半数を超えた程度です。一九九一年度の調査では二七・八パーセントと三割にも満たなかったことを思えば、それでもスポーツに親しむ人は増えたと言うこともできるでしょう。しかし、コロナ禍で健康意識が高まった二〇二〇年度に前年比六・三パーセント増の五九・九パーセントまで上がった数字は、「仕事や家事が忙しいから」「面倒くさいから」などの理由で、三・五パーセント減となってしまいました。スポーツをしない理由に「運動・スポーツが嫌いだから」という回答が一割近く存在していることも、見逃してはならないと思います。

こうした状況を変えていくためには、スポーツを今していない人たちが、スポーツはわざわざ特別にやるものではなく、日常の中に当たり前にあるものだという意識を持つことが大切ではないかと思います。それはたとえば、誰に聞かせるでもなく、何かの拍子にふと歌を口ずさむように、ちょっと時間があるときに気分転換に体を動かすといった感覚です。日常とちょっと離れていい空気を吸ったり、寝転がって草の匂いを嗅いだりすることの延長線上にあるのがスポーツなのです。

そもそも、スポーツの語源は「楽しみ・娯楽・気晴らし」を意味するラテン語の「deportare（デポルターレ）」であり、スポーツ庁が定める「第二期スポーツ基本計画」でも、「スポーツは体を動かすという人間の本源的な欲求に応え、精神的充足をもたらすもの」と述べられています。

そう考えれば、いわゆる競技スポーツだけではなく、散歩、ハイキング、海水浴、釣り、昆虫採集、キャンプなど、私たちが趣味として行っていることも、立派な「スポーツ」と言えます。ちなみに、イギリスではガーデニングもスポーツに含まれていますが、確かに体を動かすということでは、ガーデニングはかなりの力仕事を伴う身体活動です。

また、囲碁やチェス、ブリッジなどはＩＯＣも認定している「マインドスポーツ」にカテゴライズされていますし、札を取る瞬発力が必要なかるたなど、私たちがスポーツと思っていなかったさまざまな遊びも、実はスポーツなのかもしれません。スポーツはそんなふうに、本来、もっと広義で自由で楽しいものなのです。

すべての人にスポーツを

「夢」「達成」「努力」という言葉は、スポーツにつきものですが、そういうものがまったくないスポーツもあっていいと思います。人間、誰でも得意不得意があり、頑張れるときもあれば怠けたいときもあります。そんなダメな自分を見せてくれるのもスポーツです。

ゆるく長くスポーツを続けていくには、たとえ完璧でなくても体を動かすことを楽しむのが一番だと思います。スポーツへの固定観念をなくし、新たな向き合い方を示している一例が、二〇一五年からイギリスで行われている"THIS GIRL CAN"というキャンペーンです。

"THIS GIRL CAN"は、女性がスポーツに対して感じていることを丁寧に聞き取り調査し、女性が体を動かすことを阻んでいるものは何かを明らかにしました。その結果、多くの女性が誰かと比較されたり、スポーツはこうするべきという概念に支配されたりしていたことがわかりました。「七五パーセントの女性がもっとスポーツや運動をしたいと思っている」にもかかわらず、「運動をするときの外見や運動能力」、また「家族や仕事より運動を優先していると周りに思われる」ことを気にして、一歩を踏み出せないというのです。同じ調査で、SNS上で引き締まった体型の女性たちがスポーツをしている姿を見て、六三パーセントの女性が「自分には無理」などと及び腰になってしまっているという結果も出ており、こうしたことが女性が男性よりもスポーツを積極的に楽しんでいない状況を生んでいると考えられます。

そこで"THIS GIRL CAN"の公式サイトでは、ふくよかな女性がオンラインでできるエクササイズの配信、さまざまなスポーツの教室や講師の紹介、一緒にスポーツを楽しむ仲間を探すなど、女性がスポーツをするためのさまざまな情報提供が行われていますが、中でも目を引くのは、中高年も含めた、年齢も体型もさまざまな女性たちが、実際にスポーツを楽しんでいる映像です。

“THIS GIRL CAN”によって、新たにスポーツ習慣を確立した女性は二六万人以上にも上るそうです。日本でも女性は男性より運動をする習慣がない傾向がありますが、「どんな人でもスポーツを楽しんでいい」という“THIS GIRL CAN”のポジティブなメッセージを、女性はもとより男性にも、ぜひ受け取ってほしいと思います。

二〇一一年に施行されたスポーツ基本法の前文には「スポーツは、世界共通の人類の文化である」、そして「スポーツを通じて幸福で豊かな生活を営むことは、全ての人々の権利」だと書かれています。その権利を誰もが享受し、私たちの社会がもっと生きやすいものになるよう、心から願っています。

おわりに

この本を執筆中に、侍ジャパンがWBCで優勝するという歓喜がありました。大会前の宮崎キャンプから話題となり、日本で行われた試合はすべて多くの観客が来場し、テレビの視聴率は全試合四〇パーセントを超えるという驚異的な数字を叩き出しました。マスクの着用が個人の判断に委ねられ、スタジアムでの声を出しての応援も解禁された時期と重なり、これまでの窮屈な生活からの解放感が日本中で爆発した印象でした。

本書では、さまざまな切り口でスポーツについて議論してきましたが、スポーツは例えるならば誰もが好きなときに立ち寄れるテーマパークのような存在なのかもしれません。年間パスポートを購入して通い詰める熱狂的な人もいれば、大きなイベントや新しいアトラクションが入ったときなどにフラッと訪れる人もいるでしょう。また、家族連れ、カップル、お孫さんを連れてなど、誰と楽しむかも多様です。すごく好きではないけれど、あえて嫌いというほどでもない、という人も多いのではないでしょうか。

子どもにとってのスポーツは、テーマパークのように大人になってからも良き思い出であってほしいと切に願います。喜びも悔しさも、何かを乗り越えた記憶や誰かとつながっていたという記憶も、成長のそばにスポーツがあった。そして、人間関係や環境が変わってもスポーツが新たな思い出をつくる場となり、機会となってほしいものです。少年野球の仲間が集まってＷＢＣを応援する映像を観ましたが、彼らが野球をやめても、それぞれ違う道に進んでも、きっとあの瞬間のことは生涯忘れられない思い出となるでしょう。

スポーツを食材にたとえるならば、際立った味や香りはないけれど滋味深く噛みごたえのある材料なのかもしれません。この材料を使って、何をつくるのか、どんな味付けにするのかは料理をする人の好みや感性に委ねられるのです。素材の味を活かす、時間をかけてじっくり仕上げる、他の材料やスパイスをふんだんに使って料理するなど、でき上がりはつくる人が一〇〇人いれば一〇〇通りのレシピが生まれるはずです。また、同じ人が料理しても、そのときの気分や体調によっても違うものができ上がるはずです。年齢によって味付けも好みも変わります。

スポーツの意味や価値などを論じることはできますが、「こうでなければならない」というものはありません。日本において、「スポーツ＝勝利、我慢、根性」のようなイメージが強く定着してしまったことは大変残念なことです。スポーツは本来、自由で柔軟性があり、楽しいものなのです。WBCがここまで人々の心に響いたのは、世界一を目指すプレッシャーはありつつも、選手やベンチに「野球は楽しい！　野球を楽しんでいる！」という雰囲気があふれていたからではないでしょうか。年齢構成はバラバラでしたが、若い選手が多い中、彼らが萎縮することなく行動し、プレーし、楽しんでいる景色に未来の日本社会がこうであってほしいと思った人は多かったに違いありません。

昭和的スポーツ観からの脱却というメッセージを、本書では何度も伝えてきました。私を含めて昭和世代の人間、そして、その世代がつくってきた社会に身を置いている多くの人たちが、脱却の先にどんな社会があるのかを想像できず、一歩も踏み出せずにいるのではないでしょうか。スポーツ界の若きアスリートの活躍を見る限り、「今どきの若者には力がある」ことに気づかされ、日本の未来は明るいと感じます。昭和世代が持っていた欧米へのコンプレックスなどなく、違う文化を持つ国で世界を舞台に堂々と活躍する姿は、昭和世代にとって見たことのない新たな景色かもしれません。本書によって、スポーツが開く新たな社会の可能性を伝えることができれば嬉しく思います。

二〇二三年七月

山口　香

構成／加藤裕子

山口 香（やまぐち かおり）

筑波大学教授。柔道家。第一回全日本女子体重別選手権大会で最年少優勝。以後一〇連覇を達成。世界選手権では四個の銀メダルと、日本女子初の金メダルを獲得。一九八八年ソウル五輪では銅メダルに輝き、翌年引退。シドニー五輪、アテネ五輪で日本柔道チームのコーチを務めた後、日本オリンピック委員会（JOC）理事などを歴任。

スポーツの価《か》値《ち》

二〇二三年八月二二日 第一刷発行

集英社新書一一七六B

著者……山口《やまぐち》 香《かおり》

発行者……樋口尚也

発行所……株式会社集英社

東京都千代田区一ツ橋二-五-一〇 郵便番号一〇一-八〇五〇

電話 〇三-三二三〇-六三九一（編集部）

〇三-三二三〇-六〇八〇（読者係）

〇三-三二三〇-六三九三（販売部）書店専用

装幀……原 研哉

印刷所……大日本印刷株式会社 凸版印刷株式会社

製本所……加藤製本株式会社

定価はカバーに表示してあります。

ISBN 978-4-08-721276-1 C0275

Printed in Japan

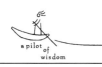